Lormaison – Wabern-Uttershausen

40 Jahre / 40 ans

hrsg. von Dr. Heinz Nöding

Partnerschaftskomitee Wabern-Uttershausen

Comité de Jumelage de Lormaison

2006

Lormaison – Wabern-Uttershausen
40 Jahre / 40 ans

hrsg. von Dr. Heinz Nöding
Partnerschaftskomitee Wabern-Uttershausen
Comité de Jumelage Lormaison
2006

Impressum :
Lormaison – Wabern-Uttershausen 40 Jahre / 40 ans
Herausgegeben aus Anlass der 40-Jahr-Feier der Partnerschaft
Umschlag: Montage Heinz Nöding
© Mai 2006
Herstellung: Books on Demand GmbH, Norderstedt
ISBN 3-8334-5016-9

Inhalt

Table des matières

Environs de Méru - Église de Lormaison.
Imp. A. Vaillant, Lib.-édit. - Méru.

Günter Jung
Bürgermeister von Wabern

Liebe Freunde,
liebe Bürgerinnen und Bürger,
seit nunmehr 40 Jahren besteht die Partnerschaft zwischen Lormaison und Uttershausen und sie befindet sich, wie ich meine, im besten Zustand. Deswegen im besten Zustand, weil es eine Partnerschaft ist, die nicht nur durch die Unterschriften der damaligen Bürgermeisterin Madame Lucienne Monel und Bürgermeister Ernst Vaupel besiegelt wurde, sondern durch zahlreiche Freundschaften zwischen den Menschen von Lormaison und Uttershausen ausgebaut und gefestigt wurde.
Dieser Prozess der Begegnung, des gedanklichen Austausches und des Verstehens mündet in einer tief verwurzelten Freundschaft zwischen den Menschen unserer Gemeinden. Dies war die Idee und Intention der Mütter und Väter dieser Partnerschaft, die erfahren mussten, welches Leid und wie viel menschliche Tragödien durch Völkerfeindschaften hervorgerufen werden kann.
In einem größer werdenden geeinten Europa verringern sich durch den technischen Fortschritt auch die geografischen Distanzen, und uns wird hierdurch die Möglichkeit eröffnet, einander näher zu kommen. Aus der Vielfalt der Sprachen, Nationen und Menschen erwächst die Chance, die Herausforderungen unserer Zeit zu bewältigen, aber auch Vorurteilen, Missverständnissen und daraus resultierenden Konflikten zu begegnen.
In der Hoffnung, dass unsere Freundschaft auch zukünftig Bestand hat und insbesondere zukünftig auch junge Menschen sich von dem Geist der Völkerverständigung inspirieren lassen, wünsche ich uns, auch im Namen der gemeindlichen Gremien eine friedvolle und hoffnungsreiche Zukunft.

Günter Jung
maire de Wabern

Chers amis,
Chères citoyennes,
cher citoyens,
le jumelage de Lormaison et d'Uttershausen existe depuis 40 ans déjà et si je ne me trompe, il se porte fort bien. Fort bien, parce que c'est un jumelage, qui n'a pas seulement été conclu par les signatures de Madame Lucienne Monel et le bourgmestre Ernst Vaupel, mais qui a été validé et fortifié par de nombreuses amitiés des hommes de Lormaison et d'Uttershausen.
Ce processus de rencontres, d'échanges spirituels et de compréhension aboutit à une amitié profondément enracinée entre les hommes de nos communes. C'était là l'idée des mères et des pères de ce jumelage, qui avaient dû voir, combien de souffrances et combien des tragédies humaines l'hostilité des peuples peut produire.
Dans une Europe unie et plus grande les distances géographiques sont diminuées par le progrès technique et nous avons comme cela la possibilité de nous approcher les uns des autres. De la multitude des langues, des nations et des hommes il naît la chance de mieux parer aux défis de notre époque, mais aussi de nous opposer à des préjugés, malentendus et conflits qui en résultent.
Dans l'espoir que notre amitié puisse durer, et que, surtout à l'avenir des jeunes soient ouverts pour l'esprit de l'entente des peuples, je souhaite à nos deux groupes, également de la part des organes communaux, un avenir de paix et d'espoir.

Jean-Pierre Lagny
Bürgermeister von Lormaison

Liebe Freunde aus Uttershausen und Lormaison,

Am 2. Mai 1966 bin ich ins Berufsleben eingetreten und ich hätte nicht geahnt, dass ich 40 Jahre später so ein Jubiläum feiern würde, das Jubiläum der brüderlichen Beziehung die unsere beiden Dörfer diesseits und jenseits des Rheintals vereint.
Schon 40 Jahre Partnerschaft zwischen Lormaison und Uttershausen !... Wer hätte das an dem Tag,

Jean-Pierre Lagny
maire de Lormaison

Chers amis
d'Uttershausen et de Lormaison,

Le 2 Mai 1966 je débutais dans la vie active et jamais je n'aurai pensé que 40 ans plus tard je fêterai une telle journée Anniversaire, celle de la

wo man sich zum ersten Mal getroffen hat, geglaubt - schon fast ein halbes Jahrhundert Freundschaft!... Und wenn Treue auch eine seltene Tugend ist, so können wir doch von uns sagen: wir haben uns niemals enttäuscht!...

Im Laufe all dieser vergangenen Jahre haben wir es fertig gebracht, eine lange Kette aus Erinnerungen, Ereignissen und Begegnungen zu schmieden … und sind wie eine große Familie geworden, die im Rhythmus unserer Begegnungsfahrten lebt, manchmal einen Moment beim Abschied leidet und dann wieder fröhlich den Augenblick des Wiederfindens feiert. Eine große Familie zu bauen war das Ziel von Ernst Vaupel und den anderen Pionieren der Partnerschaft, Frau Monel, Kurt Wolff, André Drobecq und August Franke.

Die anfängliche Begeisterung hatte in den 70er Jahren etwas nachgelassen, sie entstand aber 1987 wieder dank der Bemühungen der damaligen Bürgermeister Guy Dugendre und Gottfried Wöllenstein. Mit ihrer Unterstützung haben die Präsidenten der Partnerschaftskomitees Patrick Noël, Daniel Barre auf der französischen Seite und Heinrich Huber auf der deutschen die Aktivitäten und Austauschbeziehungen entwickelt. Seit mehreren Jahren unterstützen der neue Bürgermeister von Wabern, Günter Jung, und ich aktiv die Initiativen der gegenwärtigen Vorsitzenden der beiden Komitees Heinrich Gröger und Dominique Magnier.

In Verbindung mit den beiden Gemeindeverwaltungen werden sie es ermöglichen, dass dieser Jahrestag unserer 40 Jahre Partnerschaft wieder ein unvergessliches Ereignis wird, das wir in das große Album unserer gemeinsamen Erinnerungen einordnen können.

Ich will natürlich nicht die Gelegenheit auslassen, die sich mir heute bietet, alle die zu ehren, die dazu beigetragen haben, dieses Gebäude aus Brüderlichkeit, das unsere Partnerschaft ist, zu bauen, ein Erbe für dessen Weiterbestand wir in den kommenden Jahren sorgen müssen.

Die Partnerschaft hat getreu ihren Prinzipien, die auf Brüderlichkeit und Respekt aller beruhen, tiefe Wurzeln in der Vergangenheit und für die Zukunft im Bewusstsein der Einwohner unserer beiden Gemeinden geschlagen.

Es lebe Lormaison, es lebe Uttershausen, es lebe unsere Partnerschaft und Friede allen Menschen, die guten Willens sind!....

relation fraternelle rapprochant nos deux villages de part et d'autre des vallées du Rhin.

Déjà 40 ans de jumelage entre Lormaison et Uttershausen !... Qui aurait cru à cette histoire , le jour où l'on s'est rencontré, presque un demi-siècle d'amitié !... Et si la fidélité est rare, nous, on peut l'avouer aujourd'hui même,, on ne s'est jamais trompé !...

Au cours de toutes ces années passées, nous avons su forger un long tissu fait de souvenirs, d'évènements, de rencontres….si bien que nous sommes devenus tout comme une grande famille vivant au rythme de nos échanges mutuels, souffrant parfois le moment d'un départ et fêtant avec joie l'instant des retrouvailles.

Bâtir une grande famille était d'ailleurs la préoccupation d'Ernst Vaupel et des autres pionniers du jumelage, Madame Monel, Kurt Wolff, André Drobecq et August Franke.

L'enthousiasme du début quelque peu ralenti dans les années soixante dix, a été retrouvé en 1987, grâce aux maires de l'époque, Guy Dugendre et Gottfried Wöllenstein. Avec leur soutien, les présidents des Comités de Jumelage Patrick Noël, Daniel Barre coté français et Heinrich Huber coté allemand ont développé les activités et les échanges. Depuis plusieurs années, le nouveau maire de Wabern, Günter Jung et moi-même, soutenons activement les initiatives des présidents actuels des deux Comités de Jumelage Heinrich Gröger et Dominique Magnier. En association avec les deux municipalités, ils vont permettrent que cette journée de nos 40 ans de jumelage, soit de nouveau un évènement inoubliable à ranger dans le grand album de nos souvenirs communs.

Bien entendu, je ne voulais point manquer l'occasion qui m'est donnée aujourd'hui, d'honorer tous ceux qui ont contribué à bâtir cet édifice de fraternité qu'est notre jumelage, héritage dont nous nous devons d'assurer la pérennité pour les années à venir.

C'est en effet selon ses principes basés sur la fraternité et le respect de tous que le jumelage a pris ses racines profondes, dans le passé et pour l'avenir, dans la conscience des habitants de nos deux communes.

Vive Lormaison, vive Uttershausen, vive notre jumelage et paix aux hommes de bonne volonté !....

Dominique Magnier
Vorsitzender des Partner-
schaftskomitees
Lormaison
„Das Glück ist das einzige
was sich verdoppelt, wenn
man es teilt"
Albert Schweitzer

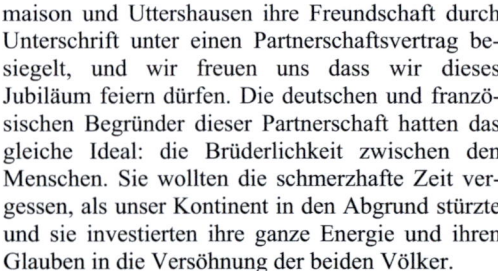

Vor 40 Jahren haben
unsere Ortschaften Lor-
maison und Uttershausen ihre Freundschaft durch
Unterschrift unter einen Partnerschaftsvertrag besiegelt, und wir freuen uns dass wir dieses
Jubiläum feiern dürfen. Die deutschen und französischen Begründer dieser Partnerschaft hatten das
gleiche Ideal: die Brüderlichkeit zwischen den
Menschen. Sie wollten die schmerzhafte Zeit vergessen, als unser Kontinent in den Abgrund stürzte
und sie investierten ihre ganze Energie und ihren
Glauben in die Versöhnung der beiden Völker.
40 Jahre Partnerschaft in wenigen Worten resümie-
ren zu wollen, ist ein schwieriges Unternehmen. Ich
habe von den vielen Highlights, die in all diesen
Jahren aufeinander folgten, vor allem die Fahrten
mit den Kindern und Jugendlichen noch im
Gedächtnis, die für so viele bleibende Erinnerungen gesorgt haben, die Entdeckung unserer beiden
Regionen, die so reich an Naturschönheiten und
Kulturgütern sind, und die Besuche und die Vorträ-
ge über oft mit der europäischen Aktualität
verbundene Themen. Dann das Verständnis, die
Freundlichkeit, die Familien, die seit 40 Jahren
bereit waren, deutsche oder französische Besucher
aufzunehmen und häufig sprachliche Schwierigkei-
ten und unterschiedliche Lebensgewohnheiten
überwunden haben. Ich kann diesen Personen nicht
genug danken. Wenn dieser Austausch gelingen
konnte, dann wegen ihnen.
40 Jahre geteilte Freude aber leider auch manchmal
geteiltes Leid, wenn Gründer und herausragende
Personen unserer Partnerschaft weggingen. Während des Festes werden wir oft an sie denken.
Ein Jubiläum ist immer ein besonderer Augenblick,
eine Gelegenheit den zurückgelegten Weg zu be-
trachten. Es will auch Hoffnungsträger sein. Als
Vorsitzender des Partnerschaftskomitees von Lormaison seit 11 Jahren wünsche ich von ganzem
Herzen, dass diese Partnerschaft ihren Weg mit
dem gleichen Schwung weiter geht. Ich wünsche
mir, dass viele Erwachsene in unseren beiden Ge-

Dominique Magnier
président du comité de jumelage de Lormaison
« Le bonheur est la seule chose qui se double si on
le partage »
Albert Schweitzer

Il y a 40 ans, nos cités de Lormaison et
Uttershausen scellaient leur amitié au bas d'une
Charte de jumelage et notre joie est immense de
célébrer ce jubilé. Un même idéal de vie
rassemblait les artisans allemands et français de ce
jumelage, celui de la fraternité humaine. Ils
voulaient oublier les temps douloureux, ceux
durant lesquels notre continent s'enfonça dans
l'abîme et ils mirent toute leur énergie et toute leur
foi dans la réconciliation de nos deux peuples.
Vouloir résumer 40 ans de jumelage en quelques
mots, est une tâche très difficile. J'ai retenu pour
ma part, au-cours des nombreux temps forts qui se
sont succédés durant toutes ces années, les séjours
de jeunes qui nous ont laissés tant de merveilleux
souvenirs, la découverte de nos régions
respectives riches en beautés naturelles et
culturelles, les visites et les conférences sur des
thèmes variés souvent liés à l'actualité
européenne. Enfin, la compréhension, la
gentillesse et l'effort de toutes les familles qui ont
accepté d'héberger allemands et français depuis 40
ans en surmontant souvent les obstacles de la
langue et les différences de mode de vie. Je ne
saurai jamais assez dire à ces personnes toute
notre reconnaissance. Si tout cet ensemble
d'échanges a pu être mené à bien, c'est grâce à
elles.
40 ans de partage de joies mais aussi
malheureusement parfois, partage des peines avec
la disparition des fondateurs du jumelage et de
personnalités marquantes de notre jumelage.
Durant les cérémonies nous penserons beaucoup à
eux.
Un anniversaire est toujours un instant privilégié,
il permet d'évaluer le chemin parcouru. Il se veut
aussi porteur d'espoir. En tant que Président du
Comité de Jumelage de Lormaison depuis onze
ans, je souhaite de tout cœur que ce jumelage
poursuive sa route avec le même élan. Je forme le
vœu que beaucoup d'adultes dans nos communes
respectives, qui ne connaissent pas encore leur
ville jumelle, puissent la découvrir, s'y rendre pour
constater la qualité d'un accueil, que beaucoup
d'entre nous ont pu apprécier, y envoyer leurs
enfants et nous aider à développer encore plus les

meinden, die die Partnerstadt noch nicht kennen, sie entdecken und den herzlichen Empfang kennen lernen, ihre Kinder hinschicken und uns helfen, die Beziehungen noch zu vertiefen, die wir geknüpft haben.

In einer Partnerschaft kommen sich Menschen durch häufigen Kontakt näher. Dass man sich vorbehaltlos begegnet, mit einander spricht, sich kennen und verstehen lernt, seine Erfahrungen teilt, seine Probleme und Sorgen vergleicht, seine Unterschiede betrachtet, an den Freuden und Sorgen der anderen Teil hat, hat zur Folge gehabt, dass sich unsere Solidarität entwickelt, dass wir die Werte des anderen über alle engen Besonderheiten hinaus schätzen und unsere Verschiedenheit respektieren lernen. Wir haben so auch den gemeinsamen Willen, unseren Mitmenschen die Freundschaften, die aus Europa eine menschliche Gemeinschaft machen werden, ans Herz zu legen.

Es lebe Uttershausen, es lebe Lormaison und der Partnerschaft ein langes Leben!

Heinrich Gröger
Vorsitzender des Partnerschaftskomitees Wabern-Uttershausen

Mit Freude blicken wir in diesem Jahr auf eine 40jährige Partnerschaft zwischen den Gemeinden Wabern-Uttershausen und Lormaison zurück.

Am 1. Mai 1966 wurde die Partnerschaftsurkunde von Lucienne Monel, Bürgermeisterin von Lormaison und Ernst Vaupel, Bürgermeister der damals noch selbstständigen Gemeinde Uttershausen unterzeichnet.

Freundschaften zwischen deutschen und französischen Städten und Gemeinden zu gründen war ein wunderbarer Gedanke - ein erster und guter Schritt zur Annäherung zwischen Menschen beider Nationen nach den beiden Weltkriegen.

Das Voranschreiten in kleinen, von Freundschaft und Ernsthaftigkeit geprägten Schritten, hat die Partnerschaft zwischen unseren beiden Gemeinden über 4 Jahrzehnte lebendig gehalten. Das engagierte Mitwirken der Bürger, der Vereine, der Jugend und der Verantwortlichen beider Gemeinden, hat dazu geführt, dass viele Freundschaften und enge Familienkontakte entstanden sind.

Private Familienbesuche bei freudigen und traurigen Anlässen, spontane Besuche von jungen Menschen zwischen unseren Gemeinden zeigen, dass sich aus einer Partnerschaft eine Freundschaft entwickelt hat.

liens que nous avons tissé ensemble.

Dans le concept de jumelage, il y a tout un art de rapprochement des Hommes par des contacts fréquents au niveau des citoyens. Il est évident que le fait de se rencontrer sans à priori, de dialoguer, d'apprendre à se connaître, à se comprendre, de partager ses expériences, de comparer ses problèmes, ses préoccupations, ses différences, de participer aux joies et aux chagrins des uns et des autres, a eu pour conséquences de développer notre solidarité, d'apprécier nos valeurs respectives, au-delà de tous les particularismes étroits et dans le respect de notre diversité. Nous partageons ainsi ensemble l'ambition de nouer au cœur de nos populations, les amitiés qui feront de l'Europe une vraie communauté humaine.

Vive Uttershausen, Vive Lormaison et longue vie au jumelage !

Heinrich Gröger
président du comité de jumelage de Wabern-Uttershausen

C'est avec joie que nous nous souvenons aujourd'hui des 40 ans de jumelage entre nos communes de Wabern-Uttershausen et de Lormaison.

Le 1 Mai 1966 Madame Lucienne Monel, maire de Lormaison, et Ernst Vaupel, bourgmestre d'Uttershausen, qui était encore une commune indépendante à l'époque, ont signé les documents de jumelage.

Créer des amitiés entre des villes et des communes allemandes et françaises était une pensée merveilleuse, un premier pas qu'il fallait pour rapprocher des hommes des deux nations après les deux guerres mondiales. Et il fallait un grand nombre de petits pas pour tenir vivant le jumelage de nos deux communes. La coopération engagée des citoyens, des associations, des jeunes et des responsables des deux communes a abouti à tant d'amitiés et de contacts familiaux. Des visites des familles à des occasions de bonheur ou de deuil, des visites spontanées des jeunes de nos deux communes montre que le jumelage est devenu

Ich rufe besonders unsere junge Generation auf, auch in Zukunft diese völkerverbindende Idee mit Leben zu erfüllen und sie weiter auszubauen.
Mein Dank gilt all denen die sich in der Vergangenheit für unsere Partnerschaft eingesetzt haben.
Es lebe die Freundschaft zwischen Wabern / und Lormaison.

Wilfried Jäger
(Ortsvorsteher von Uttershausen)

Liebe Mitbürgerinnen, liebe Mitbürger und liebe französische Freunde!

Unsere Jumelage ist eine der ältesten deutsch-

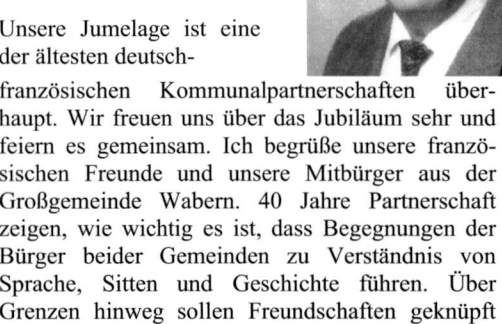

französischen Kommunalpartnerschaften überhaupt. Wir freuen uns über das Jubiläum sehr und feiern es gemeinsam. Ich begrüße unsere französischen Freunde und unsere Mitbürger aus der Großgemeinde Wabern. 40 Jahre Partnerschaft zeigen, wie wichtig es ist, dass Begegnungen der Bürger beider Gemeinden zu Verständnis von Sprache, Sitten und Geschichte führen. Über Grenzen hinweg sollen Freundschaften geknüpft und der Geist der Brüderlichkeit gefördert werden. Denn es sind Menschen, die den Austausch mit Leben erfüllen. Durch ihr Engagement sind die Beziehungen auch in den Herzen verwurzelt.
Austausch findet statt durch regelmäßige Kontakte auf den verschiedensten Ebenen. Diese Begegnungen wurden in den letzten Jahren durch die EU und die Gemeinde Wabern unterstützt.
Einen besonderen Dank möchte ich den beiden Komitees und deren Vorsitzenden aussprechen für ihre geleistete Arbeit.
Den Freunden aus Lormaison und unserem Komitee wünsche ich, dass der eingeschlagene Weg noch viele Jahre im Sinne der Freundschaft, der Völkerverständigung und des Zusammenwachsens Europas weiterhin beschritten und ausgebaut wird.

amitié.
Je fais appel surtout à notre jeunesse de continuer à remplir de vie cette idée qui unit les peuples.
Je dis merci à tous ceux qui ont soutenu notre jumelage.
Vive l'amitié entre Wabern-Uttershausen et Lormaison.

Wilfried Jäger
Président de village d'Uttershausen.

Chères concitoyennes, chers concitoyens et chers amis français,
notre jumelage est un des plus vieux qui existent entre des communes françaises et allemandes. Nous sommes heureux de pouvoir fêter ensemble son anniversaire. Je salue nos amis français et nos concitoyens de la grande commune de Wabern.

40 ans de jumelage montrent combien il est important que des rencontres mènent à une compréhension des langues différentes, des mœurs, et de l'histoire. Il faut nouer des contacts amicaux à travers les frontières dans un esprit de fraternité, car ce sont les hommes qui donnent vie à l'échange. Par leur engagement le jumelage s'est enraciné dans les cœurs.
L'échange a lieu par des contacts réguliers à des niveaux différents. Les rencontres ont été supportées ces dernières années par l'Union Européenne et par la commune de Wabern.
Je remercie surtout les deux comités et leurs présidents pour leur travail. Je souhaite aux amis de Lormaison et à notre comité, qu'on continue encore pendant de longues années sur le chemin de l'amitié, de l'entente des peuples et de l'unification de l'Europe.

Vorwort des Herausgebers

Ich war vor dem 40. Jubiläum lange Jahre Schriftführer des deutschen Partnerschaftskomitees. Auch ich wünsche der Partnerschaft ein langes Bestehen in einem friedlichen großen Europa, aber erst einmal wünsche ich den Lesern viel Freude mit der Broschüre. Ich habe darin Beiträge zur Geschichte der Partnerschaft und zur Ortsgeschichte von Lormaison (Oise) und Wabern-Uttershausen (Schwalm-Eder Kreis) gesammelt. Sie sollten ein Bändchen ergeben, wo sich - so hatte ich es ganz am Anfang der Arbeit formuliert - „zwei europäische Gemeinden von dem Weg erzählen, den sie durch die Geschichte gegangen sind, und von der Brücke, die sie zwischen sich gebaut haben". Der Austausch zwischen den beiden Gemeinden stammt aus der ersten Welle deutsch-französischer Partnerschaften, und er hat trotzdem ein paar Eigentümlichkeiten. Deswegen ist die Geschichte, die wir hier erzählen, lang. Ich bin für einen Großteil der Texte verantwortlich und für alle Übersetzungen und das Layout. Da, wo der Name des Verfassers links auf der Seite über dem deutschen Text steht, habe ich ihn ins Französische übersetzt, und da, wo er rechts steht, ins Deutsche.

Ich möchte einen Wunsch anschließen: dass unsere Kinder das fortsetzen, was wir nicht begonnen, aber von der vorigen Generation übernommen und weitergeführt haben.

Préface de l'éditeur

J'ai été, pendant de longues années, secrétaire du comité de jumelage allemand. Moi aussi, je souhaite à notre jumelage une longue vie dans une Europe grande et paisible, mais d'abord je vous souhaite beaucoup de joie quand vous lirez ce petit bouquin. Je l'ai fait pour rassembler des textes qui racontent, comme je l'avais écrit tout au début de notre travail, « le chemin que deux communes européennes ont fait à travers les âges, et la construction du pont qu'elles se sont fait entre elles », en d'autres mots : des textes sur le jumelage de Lormaison (Oise) et de Wabern (Schwalm-Eder) et sur l'histoire locale des deux régions. L'échange de ces deux communes est né dans la première vague de jumelages franco-allemands, et il a quand-même quelques particularités. C'est pourquoi l'histoire, que nous racontons ici, ne se résume pas en quelques mots.

J'ai écrit un grand nombre des textes, et j'ai fait toutes les traductions et la mise en pages. Là, où le nom de l'auteur se trouve au dessus du texte allemand, j'ai traduit en français, et là, où il est sur le texte français, j'ai traduit en sens inverse.

Je voudrais joindre un vœux : que nos enfants continuent ce nous n'avons pas commencé mais reçu des mains de la génération avant nous et continué.

Guillaume Frémont, Patrick u. Helen Nöding, Marion Magnier, Fabian Richter, Josefine Jäger, Marine-Kerstin Laborie

Heinz Nöding

Resümee von Ernst Vaupels Bericht über die Partnerschaft Uttershausen - Lormaison.

Die Partnergemeinden in 1966

- Lormaison im Landkreis Oise nördlich von Paris.
- Auf deutscher Seite war 1966 allein Uttershausen Partnergemeinde, inzwischen ein Ortsteil der Großgemeinde Wabern. Die Gemeinden waren zum Zeitpunkt der Kontaktaufnahme in Gemarkungsgröße und Bevölkerungszahl annähernd gleich.

Die Kirche von Uttershausen / *L'église d'Uttershausen*

Résumé du rapport d' Ernst Vaupel sur le jumelage Uttershausen - Lormaison.

Die Kirche von Lormaison / *L'église de Lormaison*

Les communes jumelées en 1966

- coté français: Lormaison (Oise),
- coté allemand, dans les premières années, la commune jumelée n'était pas Wabern (Schwalm-Eder; au sud de Kassel) avec ses 3000 habitants, mais Uttershausen qui en est aujourd'hui une partie.
En 1966, Uttershausen et Lormaison avaient à peu près le même nombre d'habitants sur une superficie pareille.

Die Gründer: / Les initiateurs: Ernst Vaupel, Lucienne Monel , Kurt Wolff

Die Einwohnerzahl Uttershausens lag wegen der Flüchtlinge, die der Ort nach 1945 aufgenommen hatte, mit 650 etwas über ihrem historischen Mittel. Lormaison, heute ein Ort halb so groß wie Wabern, hatte 500 Einwohner.

Die Gründer

Auf deutscher Seite:
- Landrat August Franke. Weltkriegsteilnehmer. In seinen Reden klang immer wieder an: wir alten Soldaten wissen, dass der Krieg durch die Verständigung zwischen den Völkern überwunden werden muss. Er hatte schon mehrere Partnerschaften angeregt: zwischen Borken und Méru, der Kleinstadt unweit von Lormaison, zwischen Kleinenglis und Huaucourt-Moulaine, Altenburschla und Villeneuve-les-Sablons und der Landjugend des Kreises mit Laboissière-en-Thelle.

- Bürgermeister Ernst Vaupel. Auch er Weltkriegsteilnehmer. Als er im Jahr 2000 starb, setzte sich der amtierende Bürgermeister von Lormaison, Guy Dugendre, ans Steuer und kam in einer anstrengenden Nachtfahrt zusammen mit dem Vorsitzenden des Partnerschaftskomitees, Dominique Magnier, zur Beerdigung. Vater der Partnerschaft sei er gewesen, sagte er am Grab. Ein Vater, der ständig nach dem Befinden aller seiner in die Welt verstreuten Kinder fragt. Auf französischer Seite war Mme. Lucienne Monel Bürgermeisterin, André Drobecq Vizebürgermeister.
Hier waren im Moment der Kontaktaufnahme zwei deutsch-französische Ehepaare beteiligt - M. Eckhard und Mme. Duru waren deutscher Herkunft, was die Verständigung erleichterte. An erster Stelle auf französischer Seite wurde immer ein Mann genannt, der keinen französisch klingenden Namen hatte. „Der französische Manager" nennt ihn Ernst Vaupel einmal, sonst ist er im Unterschied zu den anderen Beteiligten, die immer mit ihrer gesellschaftlichen Funktion oder ihrem Beruf genannt werden, in Vaupels Bericht immer ohne nähere Bezeichnung, er ist einfach „Kurt Wolff". Er wohnte in einem kleinen Häuschen im Pariser Vorort Vincennes und hatte in der Nähe von Lormaison, in dem Weiler Parfondeval noch ein bescheidenes Landhaus. Wolff führte den Briefwechsel zur Kontaktaufnahme, gab den Deutschen die Wegbeschreibung zu seinem Häuschen in Vincennes („hinter dem 3. Café rechts ab ...") und

Ceux d'Uttershausen étaient même un peu plus nombreux que les Lormaisonnais (650 contre 500): leur commune avait accueilli un grand nombre de réfugiés, des allemands qui avaient, pendant des siècles, formé un îlot linguistique dans l'actuelle Tchéquie. D'autres ressortissaient de minorités allemandes de la Pologne et d'autres pays.

Les initiateurs

Coté allemand:
- Le Landrat (à l'époque, c'était à peu près l'équivalent d'un sous-préfet) August Franke. Ancien soldat de la deuxième guerre mondiale. Il y avait un leitmotiv dans ses discours: « Nous autres anciens soldats savons que seulement par l'entente des peuples les guerres cesseront ». Il avait déjà encouragé plusieurs jumelages entre des communes de l'Oise et son canton en Allemagne, dont ceux entre les bourgs de Borken et de Méru, entre les villages de Kleinenglis et Huaucourt-Moulaine, d'Altenburschla et Villeneuve-les-Sablons.
- Le maire Ernst Vaupel. Lui aussi ancien soldat. Après sa mort en 2000, le maire de Lormaison, Guy Dugendre, se mit au volant de sa voiture pour conduire pendant toute la nuit avec lebut de participer, ensemble avec le président du comité de jumelage, Dominique Magnier, aux obsèques de l'ami. Dans son discours funéraire, il désigna Vaupel comme le père du jumelage, un père qui s'était informé continuellement de tous ses enfants qui vivaient loin de lui.

André Drobecq

Coté français, en 1966, Mme Lucienne Monel était maire, André Drobecq vice-maire. Au moment des premiers contacts, deux couples franco-allemands participaient à l'échange, ce qui facilitait beaucoup la communication: M. Eckhard et Mme Duru étaient d'origine allemande.
En première ligne, coté français, se trouvait un

schenkte erst einmal Wein ein, als sie im Mai 1966 zum ersten Mal kamen, Pineau, von der besseren Sorte aus der Provinz Cognac, zum Auftauen. Verständigungsschwierigkeiten: null. Wer war dieser „französische Manager" Kurt Wolff?

Kurt Wolff

„Wolff hatte als deutscher Offizier am ersten Weltkrieg teilgenommen", schreibt Ernst Vaupel. „Er hatte ein Geschäft in Wiesbaden, ging nach 1933 in die Fremdenlegion. Während des zweiten Weltkrieges kehrte er nach Südfrankreich zurück und arbeitete im Untergrund. Er traf dann mit André Drobecq zusammen." Hinter dieser knappen Beschreibung steckt der Lebensweg eines deutschen Juden: die Identifikation mit dem deutschen Vaterland 1914-18, danach die Anfeindung und Verfolgung durch die Nazis. Wolff blieb nicht in Wiesbaden, wo er das Schicksal der Millionen Juden im Machtbereich der Nazis geteilt hätte, sondern wechselte die Seite, um gegen die Naziherrschaft zu kämpfen, und schloss sich nach der militärischen Niederlage Frankreichs dem französischen Widerstand an. Was mag in ihm vorgegangen sein, wenn er Deutsche mit großer Herzlichkeit empfing und bewirtete? Erinnerten sie ihn an Nachbarn, die nicht „Juda verrecke" geschrien hatten? Oder erinnerte er sich an die Schriftsteller der Résistance, die immer den Unterschied zwischen den Nazis und dem deutschen Volk betont hatten, an Louis Aragon, der auch im südfranzösischen Widerstand arbeitete und den Freischärler sagen ließ: „Ich sterbe ohne Hass auf das deutsche Volk" (in: „Chanson du franctireur").

Erster Besuch

Wolff zeigte seinen Gästen von Frankreich erst einmal das, was mit der deutschen Kultur der 50er und 60er Jahre am stärksten kontrastierte: das Revuetheater Folies Bergères. Die Folies Bergères blieben auch in den folgenden Jahren, 1967 und 1969 ein Bestandteil des Besuchsprogramms. Die Uttershäuser müssen nach dem ersten Besuch völlig erledigt gewesen sein, denn nach der anstrengenden Fahrt und dem Besuch des Revuetheaters am Abend schleppte sie Wolff um 4 Uhr morgens in die „Halles". „Les Halles", an die heute nur noch der Name eine U-Bahn-Station im Stadtzentrum erinnert, waren ein riesiges Areal alter gusseiserner Markthallen, wo der gesamte

homme qui n'avait pas un nom très français. Pour Ernst Vaupel qui pourtant n'oubliait jamais de spécifier les fonctions sociales et professionnelles des autres participants, il était « Kurt Wolff » tout court. Wolff habitait dans une petite maison à Vincennes, et il avait une résidence secondaire à Parfondeval près de Lormaison. Wolff faisait la correspondance avec les Allemands, il leur donna la description du chemin pour les accueillir à Vincennes (« après le troisième café à droite... »), il servit du Pineau aux arrivés pour mieux causer. Difficultés de communication: aucune. Qui était ce « responsable français »?

Kurt Wolff

Vaupel écrit un peu plus loin: « Wolff avait été officier allemand dans la première guerre mondiale. Il avait eu un négoce à Wiesbaden, il s'engagea dans la légion étrangère après 1933. Pendant la deuxième guerre mondiale il combattit dans la résistance dans le Midi de la France. C'est là qu'il fit la connaissance d'André Drobecq. » Derrière ces quelques lignes de Vaupel il y a la biographie d'un juif allemand.
Après la terreur national-socialiste et après l'holocauste, qu'est-ce qui se passait dans sa tête quand il accueillait cordialement des allemands? Est-ce qu'il se souvenait de voisins, qui n'avaient pas crié « mort aux juifs », qui ne s'étaient pas détournés de lui? Est-ce qu'il se rappelait les poètes de la résistance française, Louis Aragon p.ex., qui avaient toujours fait la différence entre les nazis et le peuple allemand? (« Je meurs sans haine pour le peuple allemand », Chanson du franc-tireur).

Première visite

A ces allemands d'Uttershausen, Wolff leur montra d'abord les Folies Bergères pour faire le plus grand contraste avec la civilisation allemande de l'époque. Elles restaient au programme des visites pour les années suivantes. Les visiteurs d'Uttershausen doivent avoir été très, très fatigués à la fin de leur séjour: après la journée de voyage et la soirée aux Folies Bergères, Wolff les mena aux Halles à 4 heures du matin déjà, pour un premier contact avec le peuple parisien.

Lebensmittelbedarf der Millionenstadt umgeschlagen, d.h. nachts angeliefert und morgens an die Einzelhändler weiterverkauft wurde. Dieser Umschlagplatz wurde in den folgenden Jahren vor die Stadt, nach Rungis verlagert. Aber 1966 waren die alten Markthallen noch einer der Orte, wo man am schnellsten Kontakt zu dem Pariser Volk bekam.

In den Pariser Markthallen mit Kurt Wolff / *Aux Halles avec Kurt Wolff*

Le programme de visite continuait dans l'après-midi: la résidence secondaire de Wolff à Parfondeval, puis dans la soirée, le premier contact avec les Lormaisonnais qui les avaient invités à un repas commun. Le lendemain matin, réception à Méru, du champagne, puis la première réception officielle à Lormaison: des élèves et des adultes avec des fleurs et des petits drapeaux, des allocutions.

Mme Monel rappela dans son discours l'idée fondamentale des jumelages: il faut que les contacts ne soient pas l'affaire uniquement des hommes d'Etat, mais que l'entente et l'amitié partent du peuple.

Puis le dépôt d'une couronne « Aux victimes de guerre et de nazisme » au monument aux morts. Des visites guidées et, avant de partir, encore une réception à la commune de Villeneuve-les-Sablons, jumelée avec Altenburschla.

Empfang in Lormaison

Schulkinder und Erwachsene standen Spalier und begrüßten die Deutschen mit Blumen und Fähnchen. Es gab Ansprachen - Madame Monel resümierte den Grundgedanken der Partnerschaften: es sei wichtig, dass die Kontakte nicht nur von Staatsmännern geführt werden, sondern dass die Verständigung und Freundschaft vom Volke ausgehe, dann eine Kranzniederlegung "Den Opfern von Krieg und Nazismus" am Ehrenmal für die Gefallenen. Besichtigungen, und vor der Abreise noch ein Empfang in der Partnergemeinde von Altenburschla, Villeneuve-les-Sablons.

Am Nachmittag ging das Programm weiter: Wolffs Landhaus in Parfondeval, am Abend der erste Kontakt mit der späteren Partnergemeinde, die zum

Signature des documents

Quelques semaines plus tard déjà, le 30 avril et le 1 mai, Mme Monel était en visite à Uttershausen avec une délégation de Lormaison.

La visite coïncidait avec la pose de la première pierre pour la salle de gym d'Uttershausen et Mme Monel y appliqua les trois coups traditionnels avec les mots « égalité, fraternité, liberté ».

La délégation française, elle aussi, déposa une couronne au monument aux morts des deux guerres à Uttershausen. La signature des documents de jumelage par les maires eut lieu, en présence de M. Franke, le 1er mai 1966.

13

Essen eingeladen hatte, am nächsten Morgen dann: Empfang in Méru und der offizielle Empfang in Lormaison.

Unterzeichnung der Urkunden

Schon wenige Wochen später, am 30. April und 1. Mai, war Mme. Monel mit einer Delegation aus Lormaison in Uttershausen.

Einweihung der Turnhalle /
Inauguration de la salle de gym

Der Besuch fiel mit der Grundsteinlegung zur Turnhalle zusammen und Frau Monel machte die drei traditionellen Hammerschläge mit den Worten „égalité, fraternité, liberté" (Gleichheit, Brüderlichkeit, Freiheit).
Auch die französische Delegation legte einen Kranz am Uttershäuser Ehrenmal nieder. Am 1. Mai 1966 fand dann in Uttershausen in Gegenwart von Landrat Franke die Unterzeichnung der Partnerschaftsurkunde statt. Noch im gleichen Jahr begann ein reger Austausch, schon im Sommer der erste Schüleraustausch, Privatbesuche. Kurt Wolff, André Drobecq und Fossier, der Bürgermeister von Villeneuve kamen nach Uttershausen. Die Besuchergruppen wurden allmählich größer: im Mai 1967 waren es schon 12 Uttershäuser, vor allem Gemeindevertreter, die sich auf den Weg nach Lormaison begaben; beim Gegenbesuch im Juni war die Gruppe aus Lormaison schon 19 Mann stark. Die Einweihung der Turnhalle fand mit viel Prominenz statt: außer Landrat Franke war auch der hessische Innenminister Schneider gekommen. Auch der Schüleraustausch war über die kleinen Anfänge des Vorjahres hinaus gewachsen. 1968 schien ein Rückgang in den Kontakten zu sein, der aber nur

La même année déjà, une activité très vive commença: le premier échange scolaire en été, des visites privées. Kurt Wolff, André Drobecq et le maire de Villeneuve, M. Fossier, vinrent à Uttershausen. Peu à peu, les groupes de visiteurs devenaient plus grands. En mai 1967, ceux d'Uttershausen étaient déjà 12, en majorité des représentants de la commune, à emprunter un chemin plein d'obstacles... naturels: Il y avait une tempête horrible, des arbres renversés et, par conséquent, des bouchons sur les routes. Le groupe de Lormaison pour la contre-visite en juin fut déjà de 19 personnes. Il s'agissait d'inaugurer la salle de gym, ce qui se fit avec la participation d'August Franke et du ministre hessois de l'Intérieur, M. Schneider. L'échange scolaire, lui aussi, prit un essor.

Les activités semblaient reculer en 1968, mais les causes étaient extérieures au jumelage: c'était l'année de la révolte des étudiants et des ouvriers parisiens. Les boulevards, sans pavés, sentaient le gaz lacrymogène. Il n'y eut pas d'échange scolaire dans cette situation, les gares de l'Est et du Nord étant trop près du centre des activités. A part les visites privées, une petite délégation seulement vint à Uttershausen, Mme Monel, M. Drobecq et M. Wolff. En mai 1969, les visiteurs d'Uttershausen étaient de nouveau au nombre de 15 pour venir dans la commune jumelée, et douze jeunes participaient à l'échange, dont 6 français et 6 allemands. En juillet, Wolff fêta son soixante-

Kurt Wolffs 75. Geburtstag / *75e anniversaire de Kurt Wolff*

äußerlich bedingt war. In Paris hatte im Mai die Studentenrevolte begonnen, die Innenstadt, wo auch die großen Bahnhöfe liegen, glich einem Schlachtfeld mit hohen Pflastersteinbarrikaden quer über die großen Boulevards, entpflasterten Straßen und beißenden Tränengaswolken; im Juni war das ganze Land wochenlang durch Solidaritäts-streiks der französischen Arbeiter unter anderem auch der Bahn und der Müllabfuhr gelähmt, der Müll stapelte sich in den Pariser Straßen. In dieser Situation kam neben einem Privatbesuch nur die Uttershausen-Reise einer kleinen Delegation (Monel, Drobecq, Wolff) zustande. Im Mai 1969 waren wieder 15 Uttershäuser in der Partnerge-meinde, sechs deutsche und sechs französische Kinder nahmen am Schüleraustausch teil. Wolff feierte im Juli seinen 75. Geburtshaus mit Gästen aus Deutschland, unter anderem Bürgermeister Vaupel und dem hessischen Landtagspräsidenten Buch. 1970 kam Frau Monel mit insgesamt 40 Leuten, darunter dem kompletten Musikzug von Lormaison, der sich überall mit seinen Darbietun-gen hören ließ und viel Beachtung fand, beim Um-zug im Dorf wie bei der Besichtigung des Parks Wilhelmshöhe in Kassel. Im gleichen Jahr folgten außer dem Schüleraustausch noch zusätzliche De-legations- und Privatbesuche; zur Sportplatzein-weihung waren Franzosen anwesend, und der Ge-meinderat von Uttershausen beschloss in diesem Jahr die Benennung einer Straße nach der Partner-gemeinde Lormaison.

Schwierige Zeit

Aber mit Ablauf dieses Jahres hörte Uttershausen

quinzième anniversaire avec des invités de cinq nations, parmi eux le maire Vaupel et le président de l'assemblée de Hesse, M. Buch.

En 1970, Mme Monel était accompagnée de 40 personnes, dont 17 de l'Union Musicale de Lormaison qui se fit entendre aussi bien à l'occasion d'un cortège à travers le village que dans le parc du château de Kassel, la capitale de notre région.

Die Kapelle aus Lormaison spielt im Schlosspark Wilhelmshöhe / *La fanfare de Lormaison joue au jardin du château de Wilhelmshöhe à Kassel*

Suivaient dans la même année l'échange scolaire, la visite d'une délégation pour l'inauguration du terrain de sport d'Uttershausen, des visites privées et la décision du conseil communal d'Uttershausen d'appeler une nouvelle rue de la commune « rue de Lormaison ».

Temps difficile

Le 31 décembre 1971, la commune d'Uttershausen cessa d'exister, elle devint une partie de Wabern. Comme un peu partout dans la région de la Hesse et ailleurs en Allemagne on regroupa les petits villages autour d'un village plus important ou d'un petit bourg pour supprimer les petites mairies et pour aboutir à des unités plus grandes. Est-ce qu'il y aurait des conséquences pour le jumelage d'Uttershausen avec Lormaison? Dans le contrat avec Wabern, les partis constatèrent que la nouvelle commune-mère devait continuer le jumelage. Même sans la réforme communale en Allemagne cette extension du coté allemand aurait été logique: le nombre d'habitants d'Uttershausen reculait légèrement après l'intégration des fugitifs des pays de l'est tandis que Lormaison, situé dans

auch auf, als selbständige Verwaltungseinheit zu existieren und wurde ein Teil von Wabern. Würde das Auswirkungen auf die Partnerschaft haben? Im Grenzänderungsvertrag mit Wabern hielten die Vertragspartner fest, dass sie von Wabern übernommen und weitergeführt werden muss. Auch ohne die hessische Kommunalreform machte die Erweiterung auf deutscher Seite Sinn. Es war nach den wenigen Jahren der Partnerschaft schon zu erkennen, dass Lormaison im Einzugsbereich von Paris das in der Bevölkerungszahl nach der Integration der Flüchtlinge eher rückläufige Uttershausen bald weit überholt haben würde. Wie ernst die neue Großgemeinde Wabern ihre vertragliche Verpflichtung nahm, zeigt sich darin dass 1972 fast alle, nämlich sieben Bürgermeister der Teilgemeinden, Emden aus Wabern, Thron aus Hebel, Momberg aus Unshausen, Itter aus Niedermöllrich, Kuznik aus Zennern, Schäfer aus Udenborn und Vaupel aus Uttershausen zusammen nach Lormaison fuhren und zum Teil auch familiäre Kontakte anknüpften (Emden-Bréfort, Thron-Hourson), Herr und Frau Emden übernahmen auch die Patenschaft für die erste Tochter der Bréforts. Bei dem Gegenbesuch sollten die französischen Familien auf die einzelnen Gemeinden verteilt werden. Diese Erweiterung kam, so kurz nach der Entstehung der neuen Großgemeinde, nicht zustande. Die meisten Franzosen blieben in Uttershausen, wo die familiäre Beziehungen schon bestanden. Die neue Entwicklung schien dem Austausch abträglich zu sein. 1974 war er schon sehr zusammengeschrumpft: Mme Monel kam mit einigen Freunden zur 900-Jahr-Feier von Uttershausen.

1975 fand nur noch Briefwechsel statt. Im folgenden Jahr machte noch der neue Waberner Bürgermeister Wöllenstein mit Frau einen Antrittsbesuch in Lormaison, begleitet von seinem ersten Beigeordneten mit Frau, zwei Mitgliedern des Gemeindevorstands und dem Ehepaar Vaupel. Mme Monel kam 1977 zum Gegenbesuch, aber die Beziehung hatte den Schwung der ersten Jahre verloren, die Reisebusse fuhren schon lange nicht mehr. Kurt Wolff zog 1979 85jährig nach Israel zu seiner Schwester. Einzelne private Kontakte bestanden noch, Frau Monel kam auch noch zusammen mit Familie Fournier zur Einweihung des neuen Waberner Rathauses 1983, dann war ein paar Jahre Funkstille.

la région parisienne, croissait énormément.

L'engagement de la nouvelle commune de Wabern était sérieux. La preuve : en 1972 presque tous les maires des villages de la nouvelle commune, les Messieurs Emden de Wabern, Thron de Hebel, Momberg d'Unshausen, Itter de Niedermöllrich, Kuznik de Zennern, Schäfer d'Udenborn et Vaupel d'Uttershausen vinrent à Lormaison, il en résultait des contacts qui duraient (Emden- Bréfort, Thron-Hourson) et même un parrainage familial (Emden et la fille aînée de la famille Bréfort).

Mais à la contre-visite, quand on voulait répartir les familles françaises sur les villages cela n'a pas marché. La plupart des français sont restés à Uttershausen. Peu de temps après sa création, la nouvelle commune allemande n'avait pas encore trouvé une identité. La réforme communale allemande semblait nuire à l'échange qui diminuait dans les années suivantes. Il est vrai que Mme Monel vint avec des amis pour fêter les 900 ans d'Uttershausen en 1974, mais en 1975 les échanges se trouvaient réduits à la correspondance postale.

1974 : Uttershausen 900 Jahre / *900 ans*

L'année suivante, le nouveau maire de Wabern, M. Wöllenstein, se rendit à Lormaison, accompagné de plusieurs conseillers de la commune dont M. Vaupel, et de leurs épouses. Mme Monel vint pour une contre-visite en 1977, mais l'échange avait perdu son élan des premières années. Les cars ne roulaient plus entre les deux villages. Kurt Wolff, âgé de 85 ans, déménagea en Israël pour rejoindre sa sœur. Il y avait encore des contacts privés et Mme Monel vint avec la famille Fournier pour l'inauguration de la nouvelle mairie de Wabern en 1983, mais ensuite, pour quelques années, les contacts cessèrent.

Neubeginn 1987

1987 versuchte der neue Bürgermeister von Lormaison, Guy Dugendre, wieder Leben in die Partnerschaft zu bringen.

Ankunft der Delegation in Wabern 1987 / *Arrivée de la délégation française à Wabern en 1987*

Mit seiner Ankunft in Uttershausen im August 1987 zusammen mit seinem Stellvertreter Marchal und Deutschlehrer Gué und dem Gegenbesuch im Oktober begannen die Kontakte wieder. Bei diesem Gegenbesuch traf aber die Wabern-Uttershäuser Delegation nicht nur auf einzelne Gemeindevertreter, sondern sah sich einem vollen Saal gegenüber. Außer den Gemeindevertretern und Lehrern war eine große Zahl von Bürgern Lormaisons gekommen, um sich einen von Ernst Vaupel gedrehten Schmalfilm über den bisherigen Verlauf der Partnerschaft anzusehen und über ihre Zukunft zu reden. Die Reisebusse begannen wieder zu fahren.

Lormaison hatte zum „Knopffest" 1988 eingeladen - Lormaison und Méru waren in den vergangenen Jahrhunderten auf die handwerkliche und Manufakturproduktion von Perlmuttknöpfen, Spielwürfeln u.ä. spezialisiert. Mitten in den Neubeginn der Partnerschaft fiel die Bergwerkskatastrophe von Borken-Stolzenbach. Borken, Uttershausen und die anderen betroffenen Gemeinden trauerten um die verschütteten Bergleute und die französischen Partnergemeinden trauerten mit, sammelten sogar in Méru und in Lormaison Geld für die Hinterbliebenen, und Bürgermeister Dugendre kam zu der Trauerfeier. Zum Knopffest reiste der gesamte Männerchor Uttershausen zusammen mit dem neuen Partnerschaftskomitee und sang zusammen mit dem Méruer Chor Chanteleine. Auch die Tennisspieler von Lormaison nahmen die Idee der Vereinskontakte auf und besuchten den Waberner Verein, der auch einen Gegenbesuch abstattete.

Als sich Lormaison 1989 zum Gegenbesuch

Renouveau en 1987

En 1987, le nouveau maire de Lormaison, Guy Dugendre, a essayé de renouveler le jumelage.

Avec son arrivée à Uttershausen au mois d'août 1987, accompagné de son adjoint Marchal et de M. Gué, professeur d'allemand, et avec la contre-visite des allemands en octobre les contacts ont recommencé. Il y avait, pour la délégation allemande, un élément imprévu dans cette rencontre: elle ne rencontrait pas seulement des représentants de la commune mais se retrouvait devant une salle - la salle Marcel Pagnol près de la mairie - remplie d'habitants de Lormaison, qui regardaient attentivement un film tourné par M. Vaupel sur les débuts du jumelage et discutaient de l'avenir de celui-ci. Par la suite, les cars recommençaient à rouler, Lormaison ayant invité les Allemands à la « fête des boutons » de 1988. représentation devant la mairie de Lormaison.

Pendant ce renouveau du jumelage il se produisit une catastrophe terrible à Borken. Après une explosion de grisou, plus de 150 mineurs de Borken, d'Uttershausen et d'autres villages de la région étaient à déplorer.

Les communes allemandes étaient en deuil, et les communes jumelées aussi. A Méru et à Lormaison on collectait de l'argent pour les familles, M. Dugendre vint en avion pour les obsèques. La fête des boutons, on l'a fêtée quand-même. Le nouveau comité de jumelage d'Uttershausen était accompagné par la chorale du village qui a chanté avec la chorale Chanteleine de Méru. Cette idée de contacts de clubs a été reprise par les joueurs de tennis de Lormaison qui rendirent visite au club de Wabern. A la contre-visite en 1989 les Lormaisonnais arrivèrent à Wabern déguisés en révolutionnaires de 1789. On fêtait le bicentenaire de la révolution dans la rue de Lormaison d'Uttershausen, où les habitants avaient érigé un poteau et cousu un drapeau unissant les blasons des deux communes. A l'échange scolaire, il y avait plus de jeunes français que jamais en pareille occasion, ils étaient au nombre de 15. Pendant de longues années les cars allaient transporter les familles à Uttershausen et à Lormaison. L'extension du jumelage qu'on avait, en principe, décidée en 1971, commençait à se dessiner. Le nouveau maire de Wabern, M. Jung, tout comme ses prédécesseurs, s'engageait pour le jumelage.

Ernst Vaupel n'est plus là pour nous raconter la

anschickte, liefen in Frankreich die Vorbereitungen für die 200-Jahr-Feier der Französischen Revolution und die Lormaisoner kamen in Kostümen des ausgehenden 18. Jahrhunderts. In der Lormaisonstraße von Uttershausen, wo die Anwohner eine Flagge mit den Wappen der beiden Gemeinden genäht und einen Fahnenmast aufgestellt hatten, wurde ein revolutionäres Straßenfest gefeiert. An dem Schüleraustausch im Juli nahmen 15 französische Jugendliche teil, so viele wie niemals vorher. Über viele Jahre lief der Austausch auf einem zahlenmäßig sehr hohen Niveau. Die Ausweitung der Partnerschaft über das Dorf Uttershausen hinaus, die 1971 im Prinzip beschlossen worden war, zeichnete sich in ersten Umrissen ab, und der neue Waberner Bürgermeister Jung engagierte sich wie sein Vorgänger für den Austausch.

Ernst Vaupel kann uns nicht mehr erzählen, wie es weiter ging. Er hat, zusammen mit Frau Monel, die Partnerschaft von ihrem Beginn an begleitet, zuletzt nur noch als stiller Beobachter. Als er im Frühsommer 2000 starb, sagte Bürgermeister Dugendre am Grab, es habe ihn besonders berührt, dass er sich bei jedem Treffen wie ein Familienvater nach allen Einzelnen erkundigte - ich hatte das oben schon zitiert.

suite. Il avait été au centre du jumelage, avec Mme. Monel, dès son début, puis quand ses forces avaient cédé, il avait observé son développement avec tendresse. Après sa mort au début de l'été de l'an 2000, le maire Dugendre dit dans son discours funéraire, que ce qui l'avait touché le plus chez M. Vaupel, c'était qu'à chaque rencontre il s'était informé de chacun des participants comme un père de famille - j'ai déjà cité ce discours plus haut.

Chor Uttershausen in Lormaison / *La chorale d'Uttershausen à Lormaison*

Revolutionäre zu Besuch in Uttershausen, Mai 1989 / *Des révolutionnaires en visite à Uttershausen, Mai 1989*

Das Wappen von Uttershausen ... / *Le blason d'Uttershausen ...*

... und das von Lormaison in der Lormaisonstraße in Uttershausen / *... et celui de Lormaison, rue de Lormaison à Uttershausen*

Ich habe Ernst Vaupels Bericht beim Neu-Übersetzen ein wenig gekürzt, und es musste genau das unter den Tisch fallen: der tausendfache Bezug auf einzelne Menschen, die an der Partnerschaft in der langen Zeit ihres Bestehens teilgenommen haben. Das war nötig, damit jemand, der neu hinzukommt, die Übersicht behält, aber das, was weggefallen ist, war für ihn wichtig: jeder Einzelne. Es sind viele Einzelne hinzugekommen. Die Busse fahren. Es hat sich seit vielen Jahren ein

Or, j'ai rédigé son récit pour le rendre plus lisible, et ce qui a dû disparaître, c'est justement ce qui lui tenait le plus au cœur: une centaine de noms de participants, les dates de leur visites, les familles avec qui ils étaient en contact. Beaucoup nous ont joint depuis. Les cars roulent. Depuis de longues années, une coutume a pris forme de se rendre visite à la Pentecôte: Dans les années impairs, c'est nous qui nous rendons à Lormaison, dans les années pairs, les Français viennent chez nous. Il y

jährlicher Rhythmus von Besuch und Gegenbesuch, jeweils am Pfingstwochenende Freitag bis Montag, eingependelt: in den ungeraden Jahren sind wir in Lormaison, meistens mit einem Abstecher nach Paris auf der Hin- oder Rückfahrt, in den geraden Jahren sind die Franzosen an Pfingsten hier. Natürlich gibt es Probleme. Das Dörfchen Lormaison ist inzwischen enorm angewachsen und unterliegt der im Pariser Großraum üblichen Fluktuation. Gerade die Kinder aus Familien, die sich sehr für die Partnerschaft engagierten, - manchmal auch die ganze Familie - sind von einem Jahr auf das andere plötzlich nicht mehr am Ort. In Wabern und seinen Ortsteilen ist das gleiche Problem gemildert, aber vorhanden ist es auch. Die beruflichen Laufbahnen führen die jungen Erwachsenen ins Rhein-Main-Gebiet und in andere Ballungsräume. Aber bisher hat sich die Partnerschaft immer wieder regeneriert.

a, bien sûr, des problèmes. Lormaison, autrefois un tout petit village, a eu une croissance énorme, et il est sujet à la fluctuation de ses habitants qui est typique de la région parisienne. Cette fluctuation touche souvent les enfants des familles très engagées dans le jumelage - parfois la famille entière - qui se déplacent d'une année à l'autre.

Le même problème se pose un peu moins à Wabern et à Uttershausen, mais il s'y pose aussi. Les carrières ne se font pas à Uttershausen mais à Francfort, dans la région de la Ruhr ou ailleurs. Mais jusqu'ici le jumelage s'est toujours régénéré.

Ernst Vaupel

Jörg Huber
Der Neubeginn aus der Sicht eines Beteiligten

In Lormaison und Uttershausen kam es nach der Wiederbelebung der Partnerschaft zur Neugründung von Partnerschaftskomitees, die die Aufgabe hatten, den Familien- und Schüleraustausch zwischen den beiden Orten zu organisieren. Während in Lormaison schon im Jahre 1988 ein Komitee mit Patrick Noël als Vorsitzendem gewählt wurde, dauerte es in Uttershausen noch bis zum Frühjahr 1989, als es nach der Kommunalwahl durch den neuen Ortsvorsteher Heinrich Huber zur Neugründung, mit ebenfalls Heinrich Huber als Vorsitzendem, kam.

Das Uttershäuser Komitee war hierbei jedoch - anders als im Jahre 1966 - nicht nur für den Ort selber sondern für die gesamte Großgemeinde Wabern zuständig. Um die Einbeziehung eines möglichst großen Teils der Uttershäuser Bevölkerung sicherzustellen, gehörte dem hiesigen Komitee neben Mitgliedern des Ortsbeirats je ein Mitglied eines jeden Uttershäuser Vereins an. Persönliche Kontakte der Komiteemitglieder zu Familien der umliegenden Waberner Ortsteile und nach Borken waren bei der Erweiterung des Teilnehmerkreises hilfreich. Ähnliches lässt sich auch über die Arbeit des Lormaisoner Komitees sagen. Auch hier wurden

Le renouveau raconté par un jeune de l'époque

A Lormaison et à Uttershausen après la reprise des contacts se formaient de nouveaux comités de jumelage, qui devaient organiser l'échange des familles et des jeunes entre les deux villages, c'était le cas pour Lormaison en 1988 déjà, où Patrick Noël fut élu président du comité. A Uttershausen, après les élections communales du printemps 1989, le nouveau président du village, Heinrich Huber fonda lui aussi un comité et en devint le président.

A la différence du comité de 1966 la compétence de ce nouveau comité allemand ne comprenait pas seulement le village d'Uttershausen mais toute la grande commune de Wabern. Pour assurer la participation d'un maximum de personnes du village, non seulement les membres du conseil de village faisaient automatiquement partie du comité de jumelage, mais également un membre de chaque club d'Uttershausen. Des contacts personnels des membres du comité à des familles des autres parties de Wabern aidaient à élargir le cercle des membres du comité. C'était le cas également du comité de Lormaison où dans chaque période du travail du comité, des

immer wieder Einzelpersonen und Familien vornehmlich aus Méru für die Teilnahme gewonnen.

Weil zwischen Borken und Méru ebenfalls ein Städtepartnerschaft besteht, konnten vor allem Jugendliche aus Lormaison beide Verbindungen nutzen. Es soll auch nicht verschwiegen werden, dass viele Uttershäuser im Elan des Neubeginns über einen mehrjährigen Zeitraum an einem Französischkurs teilnahmen, um eventuelle Verständigungsbarrieren zu minimieren.

Der erste organisierte Familienbesuch nach der Wiederbelebung

Eine erste Bewährungsprobe ergab sich für die neuen Komitees bei der Planung des ersten offiziellen Familienbesuches nach der Reaktivierung. Dieser fand zu Pfingsten des Jahres 1989 in Uttershausen statt und stand im Zeichen der 200-Jahr-Feier der Französischen Revolution. 53 Männer, Frauen und Kinder aus Lormaison machten sich auf die Reise zur deutschen Partnergemeinde. Unvergessen sind die Szenen des herzlichen Empfangs der französischen Gäste am Pfingstsamstag, die sich dafür mit den für die meisten Uttershäuser ungewohnten aber gern akzeptierten "Quatre Bisous" bedankten. Im Verlauf der folgenden beiden Tage, des Tanzabends im Saal des Gasthauses Knöpfel sowie des Ausflugs nach Wilhelmshöhe lernte man sich kennen. So kam es bereits bei diesem ersten Austausch zur Ausbildung zahlreicher familiärer Freundschaften, die im Verlauf späterer Besuche gepflegt wurden und die sich bis heute erhalten haben.

Das obligatorische Länderspiel le match international obligatoire

Die Belastbarkeit der neuen Freundschaft wurde am Sonntagvormittag durch ein Fußballspiel zwischen einer Lormaisoner und einer Uttershäuser Mannschaft getestet. Das Ergebnis - ein gerechtes Unentschieden - trug sicher zur Festigung der

particuliers surtout de Méru venaient augmenter le nombre des membres du comité. Comme il y a également un jumelage entre Borken et Méru, surtout les jeunes de Lormaison pouvaient utiliser les deux contacts.

On devra également raconter que, dans l'élan du renouveau, pendant plusieurs années beaucoup d'habitants d'Uttershausen participaient à un cours de français pour minimiser d'éventuelles barrières de la compréhension.

La première visite familiale après le renouveau du jumelage

La première épreuve du bon fonctionnement des comités fut l'organisation de la première rencontre des familles après le renouveau, qui eut lieu à la Pentecôte 1989 à Uttershausen. On l'avait placé sous le signe de la Révolution Française qui avait 200 ans cette année-là. 53 hommes, Femmes et enfants de Lormaison se mirent en chemin vers la commune jumelée allemande. On n'oubliera pas l'accueil cordial des Français le samedi, qui disaient merci avec les « quatre bisous », coutume que les gens d'Uttershausen ne connaissaient pas, mais qu'ils acceptaient volontiers. Au cours des deux journées suivantes, de la soirée dansante dans la grande salle du restaurant Knöpfel et de l'excursion à Wilhelmshöhe, on faisait connaissance. Ainsi de nombreuses amitiés naissaient déjà à l'occasion de ce premier échange, se fortifiaient lors des visites ultérieures et durent encore aujourd'hui.

... und die Fans / *et les supporters:* Fam. Laborie, Alex Strazel, Anne-Lucile Sergent, Berengère Leroy, Fam. Jäger, Kai Huber

On soumit la solidité de la nouvelle amitié à un test sous la forme d'un match de foot entre une équipe de Lormaisonnais et une autre de gens d'Uttershausen. Le résultat - un match nul bien mérité - était certainement propice à la

Freundschaft bei. Fußballspiele waren auch bei späteren Treffen ein fester Programmpunkt. Der Höhepunkt dieses ersten Austauschs war zweifellos die Show-Einlage unserer französischen Gäste. Es handelte sich dabei um eine Kostüm-Darbietung unter dem Motto "Französische Revolution". Das Spektakel fand am Morgen des Pfingstsonntags im Bereich der Lormaisonstraße statt und gefiel nicht nur den am Austausch beteiligten Uttershäusern.

Nach intensiv und im engsten Kontakt zu den neuen Freunden verlebten drei Tagen kam die Verabschiedung von den Gästen am Morgen des Pfingstmontags für viele viel zu früh. Einige Teilnehmer, vor allem jüngere, mussten dabei das eine oder andere Abschiedstränchen wegdrücken.

Man versicherte, sich im nächsten Jahr in Lormaison auf jeden Fall wieder zu treffen.

Der erste Schüleraustausch der "Neuzeit"

Der erste Schüleraustausch nach der Wiederbelebung der Partnerschaft fand ebenfalls noch im Jahre 1989 statt. 15 französische Kinder hielten sich vom 29.06. bis zum 12.07. in Uttershausen auf. Sie wurden von dem Deutschlehrer Dominique Gué begleitet. Dominique kam aus einem Nachbarort von Lormaison, Chambly, und er war für die Wiederbelebung von besonderer Bedeutung: er war in der Anfangsphase als einziger Dolmetscher in der Lage, Gespräche oder Reden spontan von der einen in die andere Sprache zu übersetzen. Er tat das in einer humorigen, lebendigen Art, die sowohl die deutschen wie die französischen Zuhörer begeisterte. Nach eigener Aussage war ihm vor allem an einer Begegnung der Jugend gelegen.

Erfreulich war, dass viele am Schüleraustausch teilnehmende Kinder bereits einige Monate zuvor mit ihren Eltern in Uttershausen gewesen waren.

Die begeisterungsfähigen jungen Gäste wurden mit zahlreichen Aktivitäten wie Zeltlager am alten Uttershäuser Sportplatz, Discobesuch, einer Fahrt nach Kassel und dem Besuch des Uttershäuser Schwimmbades unterhalten.

Am 12.07. reisten die jungen Franzosen nicht nur mit ihrem Gepäck sondern auch mit 9 Jugendlichen aus Uttershausen und Wabern und deren Begleitern nach Lormaison zurück.

Begleiter waren der Borkener Französischstudent Thomas Wiegand und Jörg Huber. In Frankreich sollten sie unvergessliche Erlebnisse haben. Schon

stabilisation de l'amitié. Des jeux de football restaient au programme des rencontres ultérieures.

Un élément de show fut certainement le point culminant de ce premier échange : un spectacle de déguisement avec pour sujet la Révolution française. Le spectacle eut lieu le dimanche matin de la Pentecôte dans et autour de la rue de Lormaison et fut applaudi non seulement par ceux d'Uttershausen qui prenaient part à l'échange.

Après des journées intenses et vécues dans le contact le plus étroit avec les nouveaux amis, le départ de ceux-là le lundi matin venait trop tôt pour beaucoup. Beaucoup de participants durent essuyer ça et là une petite larme.

On jurait de se rencontrer en tout cas l'année prochaine à Lormaison.

Le premier échange de jeunes des « temps nouveaux »

Le premier échange de jeunes après la réanimation du jumelage eut encore lieu dans l'année 1989. 15 enfants français séjournaient à Uttershausen entre le 29 juin et le 12 juillet. Ils étaient accompagnés par le professeur d'allemand Dominique Gué. Dominique venait de Chambly, qui est une commune voisine de Lormaison, et il avait une fonction très importante pour le renouveau : il traduisait, et dans les premiers temps il était le seul qui pouvait traduire spontanément des conversations et des discours d'une langue à l'autre, et il le faisait d'une façon humoriste et vivante, qui enchantait ceux qui l'écoutaient, qu'ils soient allemands ou français. Il s'engageait surtout pour l'échange de jeunes.

Parmi les jeunes qui participaient à l'échange, beaucoup déjà été à Uttershausen quelques mois auparavant, ce qui facilitait beaucoup leur séjour. C'était des jeunes qui pouvaient se passionner, on les entretenait avec de nombreuses activités comme le camping à l'ancien terrain de sport d'Uttershausen, la visite d'une discothèque, une excursion à Kassel et la visite de la piscine d'Uttershausen.

Le 12 juillet, au départ, les jeunes français n'emportaient pas seulement leur bagages, mais ils emmenaient aussi 9 jeunes d'Uttershausen et de Wabern et des moniteurs allemands.

Ces moniteurs étaient l'étudiant de français Thomas (de Borken) et Jörg Huber. Ils devaient faire des expériences, qui ne s'oublient pas si vite. Les enfants trouvaient déjà que le voyage en train

die fast 12-stündige Bahnreise mit Umsteigen in Frankfurt Hauptbahnhof sowie dem Fußmarsch vom Gare de l'Est zum Gare du Nord in Paris fanden die Kinder spannend, während den Begleitern dies eher anstrengend erschien. Nach dem Empfang in den Familien standen in den nächsten 14 Tagen echte Highlights auf dem Plan wie der Besuch in Paris mit Eiffelturmersteigung, Besichtigung des riesigen Naturkundemuseums "La Villette", dem Besuch von Versailles, dem Rundflug um Paris (mit "baptême de l'air", d.h. Lufttaufe), der Fahrt an die Kanalküste mit Bad am Strand von Fort Mahon und, nicht zu vergessen, dem Eselreiten. Diese tolle Zeit endete mit der Rückreise der deutschen Gruppe am 26.07. Nach einer derart langen, gemeinsam verbrachten Zeit mit derart schönen Erlebnissen spielten sich am Bahnhof von Méru herzzerreißende Abschiedsszenen ab.

Auch diesem ersten Jugendaustausch kommt eine besondere Bedeutung zu, denn die hier geknüpften Freundschaften zwischen deutschen und französischen Jugendlichen bestehen zum großen Teil bis heute. Sie waren und sind für den Fortbestand der Partnerschaft von großem Wert.

Zahlreiche Familienbesuche, Schüleraustausche und private Besuche bauten die Partnerschaft zu der nicht mehr wegzudenkenden Einrichtung aus, als die sie sich heute darstellt. Höhepunkte waren dabei sicher die Veranstaltungen zum 25-jährigen Bestehen der Partnerschaft in Uttershausen und in Lormaison im Jahre 1991.

Weitere Begegnungen 1990 bis 1995

Das Jubiläumsjahr 1991

Das Jahr brachte anlässlich des 25-jährigen Bestehens der Partnerschaft eine doppelte Begegnung. Zu Ostern (Samstag, 30.März - Montag 01. April) weilten rund 50 Gäste aus Lormaison in Uttershausen. Pfingsten (Freitag, 31. Mai - Sonntag, 02.Juni) trat die 45-köpfige Uttershäuser Delegation zum Gegenbesuch an.

Nachdem an Ostern die Freunde aus Lormaison den ersten Tag in den Gastfamilien verbracht hatten, fand am Ostersonntag ab 10.30 Uhr in der festlich hergerichteten Turnhalle der Festakt anlässlich des 25-jährigen Jubiläums der Partnerschaft statt. Neben zahlreichen Festreden, unter anderem vom ehemaligen Landrat August Franke,

de presque 12 heures avec changement de trains à Francfort et marche à pied à Paris entre la Gare du Nord et la Gare de l'Est était une aventure, - le moniteurs la trouvaient plutôt fatigante. Dans les quinze jours qui suivaient l'accueil dans les familles il y avait au programme de véritables points culminants : la visite à Paris avec l'ascension à la Tour Eiffel, le musée immense de La Villette, Versailles, le tour de Paris en avion (avec un « baptême de l'air »), la côte de la Manche avec le bain de mer à la plage du Fort Mahon et - à ne pas oublier - la chevauchée sur l'âne. Ce temps fou prit fin avec le retour du groupe allemand le 26 Juillet. Des adieux de crève-cœur se déroulaient devant la gare de Méru qui terminaient un séjour plein de belles expériences vécues en commun.

Cette première rencontre de jeunes a eu un rôle très spécial, parce que les amitiés qui sont nées ici entre des jeunes allemands et français existent encore pour la plupart. Elles avaient une grande valeur pour la continuité du jumelage et la garantissent encore.

De nombreuses visites de familles, échanges de jeunes et visites privées ont fait du jumelage l'institution qu'il est aujourd'hui, et dont on ne peut plus imaginer qu'il n'existe pas. Les fêtes à Uttershausen et à Lormaison pour le 25e anniversaire du jumelage en 1991 étaient certainement des points culminants.

D'autres rencontres entre 1990 et 1995

L'année de l'anniversaire 1991

A l'occasion du 25e anniversaire du jumelage il y eut deux rencontres. A Paques (samedi, 30 mars - lundi 1er avril) environ 50 invités de Lormaison séjournèrent à Uttershausen. A la pentecôte (vendredi, 31 mai - Lundi, 2 juin) 45 habitants d'Uttershausen arrivèrent à Lormaison pour faire la contre-visite.

A Pâques les Lormaisonnais passaient la première journée dans les familles, puis le dimanche matin à 10.30 h les festivités pour le 25e anniversaire du jumelage commercèrent dans la salle de gym soigneusement préparée.

Après de nombreux discours, entre autres de l'ancien Landrat August Franke, qui avait été un des promoteurs du jumelage à l'époque, les documents de l'anniversaire du jumelage furent signés.

der sich seinerzeit auch für das Zustandekommen der Partnerschaft eingesetzt hatte, erfolgte die Unterzeichnung der Jubiläumsurkunde. Ein weiterer Höhepunkt war die Verleihung der Ehrenbürgerschaft von Lormaison an den ehemaligen Bürgermeister von Uttershausen und Mitbegründer der Partnerschaft, Ernst Vaupel durch Richard Tiercellin, der bei dieser Begegnung Bürgermeister Dugendre vertrat.

Außerdem wurden der Waberner Bürgermeister Wöllenstein und die Gemeindevertreter von 1966 für ihre Verdienste um die Partnerschaft ausgezeichnet. Das musikalische Rahmenprogramm wurde vom Männergesangverein, Otto Lauterbach (Akkordeon) sowie dem Duo Sonja Heimann (Violine) und Peter Katona (Gitarre) gestaltet. Abends wurde beim Tanz im Gasthaus Knöpfel zünftig gefeiert. Am Morgen des Ostermontags reisten die französischen Freunde wieder in ihre Heimat ab.

Am Donnerstagabend vor Pfingsten machten sich 45 Uttershäuser auf die Reise zur Partnergemeinde; allerdings nicht auf direktem Wege sondern mit einem kleinen Abstecher nach Paris, das am Freitagmorgen erreicht und dann unter Führung von Dominique Gué und einigen Vertretern des Lormaisoner Komitees, mit denen man sich am Eiffelturm verabredet hatte, erkundet wurde. Erst am Abend kam man erschöpft bei den Freunden in Lormaison an. Am frühen Samstagabend fand der eigentliche Festakt statt, in dessen Verlauf unter anderem der damals 91-jährige André Drobecq, einer der Mitbegründer der Partnerschaft, von Arthur Jäger, der den nicht mitgereisten Bürgermeister Wöllenstein vertrat, für seine Verdienste geehrt wurde. Eine besondere Ehre wurde auch dem Letztgenannten zuteil. Bürgermeister Dugendre verlieh ihm die Ehrenbürgerschaft von Lormaison.

Nach dem offiziellen Teil folgte die "grande fête" in der festlich geschmückten Scheune der Familie Postolle. Nach einem grandiosen Buffet wurde bis in die Morgenstunden das Tanzbein geschwungen.

Auch bei diesen beiden Begegnungen wurden noch einmal zahlreiche neue Freundschaften geschlossen und bestehende gefestigt.

Un autre point culminant fut atteint, quand Ernst Vaupel, ancien bourgmestre et initiateur du jumelage fut nommé citoyen d'honneur de Lormaison par Richard Tiercellin, qui remplaçait le maire Dugendre durant cette rencontre. Le maire de Wabern, Wöllenstein, et les représentants de la commune de 1966 furent également honorés pour leurs mérites pour le jumelage. Le cadre musical était constitué par la chorale du village, Otto Lauterbach (accordéon) et le duo Sonja Heimann (violon) et Peter Katona (guitare). Le soir on fêtait dûment au restaurant Knöpfel. Le lundi, tôt le matin, les Lormaisonnais repartirent.

Le jeudi de la semaine de Pentecôte les 45 habitants d'Uttershausen ne se rendirent pas directement dans la commune ; ils firent un détour par Paris, où ils arrivèrent le vendredi matin. Ils avaient rendez-vous avec Dominique Gué et d'autres membres du comité de jumelage qui leur servaient de guides pour découvrir la ville. On n'arriva que très tard et épuisés chez les amis à Lormaison. Les festivités commencèrent le samedi matin. au cours desquelles André Drobecq, un des fondateurs du jumelage, âgé alors de 91 ans, fut honoré par Arthur Jäger, qui remplaçait le maire Wöllenstein, qui n'avait pas pu venir. Le maire Dugendre honora encore son homologue de Wabern en le nommant, lui aussi citoyen d'honneur de Lormaison.

Après la partie officielle s'ensuivit la « grande fête » dans la grange de la famille Postolle, qui avait été ornée pour la fête. Après un buffet grandiose la soirée dansante dura jusqu'au matin. Dans ces deux rencontres, de nombreuses amitiés nouvelles furent conclues et de vieilles amitiés furent renouvelées.

Sonja Kraushaar

Dauerhafte Freundschaften

Ein wichtiges Resultat der Partnerschaft, insbesondere seit ihrer Erneuerung, sind die zahlreichen
Familienfreundschaften, die sich zu einem Großteil
bereits beim Besuch von 1989 oder kurz darauf
ergeben hatten. In der folgenden Übersicht sind uns
bekannte Familienfreundschaften aufgelistet. Mit
Ausnahme von Frémont / Nöding sind es alles
Freundschaften aus dem Jahr 1989:

- Jäger (Helmut)- Laborie
- Gröger - Sergent
- Wagner - Postolle / Magnier
- Marchal - Schröder
- Huber - Fournier
- Pfeffer - Barre
- Hämel - Pemptroad
- Kurzrock (aus Borken) - Leroy
- Nöding - Frémont

Nicht weniger wichtig sind die Freundschaften der
Jugendlichen von 1989. So sind Eric Marchal,
Anne-Lucile Sergent (jetzt Delanghe), Alexandra
Strazel, Karine Garzelli, Xavier Hourson, Fabrice
Jamet sowie Francois Laborie immer wieder zu
Besuch in Uttershausen gewesen. Gleichermaßen
hielten sich Petra und Stefan Jäger sowie Kai
Huber regelmäßig in Lormaison auf. Auch Carola
Schattner (Wabern) und Stephanie (ehemals) Colin
halten regelmäßig Kontakt. Alle Genannten sind
heute über 30 Jahre alt und haben zum Teil eigene
Familien gegründet. Es bleibt zu hoffen, dass sie
Willens sind, ihre Kinder am Geist der
Partnerschaft teilhaben zu lassen.

Amitiés durables

Les amitiés entre des familles, nombreuses surtout
depuis le renouvellement du jumelage, sont un de
ses résultats les plus importants. Elles étaient nées
en grande partie déjà à la visite de 1989 ou peu
après. Nous avons recueillis ici dans une liste les
amitiés de familles que nous connaissons. A
l'exception de Frémont / Nöding toutes ces
liaisons datent de l'année 1989 :

- Jäger (Helmut)- Laborie
- Gröger - Sergent
- Wagner - Postolle / Magnier
- Marchal - Schröder
- Huber - Fournier
- Pfeffer - Barre
- Hämel - Pemptroad
- Kurzrock - Leroy
- Nöding - Frémont

Les amitiés des jeunes de 1989 ne sont pas moins
importantes. Ainsi Eric Marchal, Anne-Lucile
Sergent (maintenant Delanghe), Alexandra
Strazel, Karine Garzelli, Xavier Hourson, Fabrice
Jamet et Francois Laborie sont régulièrement
revenus à Uttershausen pour des visites et Petra et
Stefan Jäger ainsi que Kai Huber sont allés à
Lormaison tout aussi régulièrement. De même
Carola Schattner et Stephanie (autrefois) Colin ont
des contacts réguliers. Tous ceux que j'ai nommés
ont plus de 30 ans à présent, ils ont en partie fondé
des familles. Il est à espérer qu'ils auront
l'intention de laisser leurs enfants participer à
l'esprit du jumelage.

Fournier / Huber

Frémont / Nöding: Eine Freundschaft, die seit 1997 besteht. Die Familien haben schon mehrfach am Meer in der Bretagne einen Teil ihrer Ferien verbracht. Das Foto hat der Sohn Guillaume gemacht / *Amitié qui existe depuis 1997. Les deux familles ont déjà passé plusieurs fois une partie de leur vacances ensemble au bord de la mer, en Bretagne. Photo : Guillaume Frémont.*

Laborie / Jäger

Die Aussichten dafür sind günstig, denn anders als in der Zeit von 1966 bis in die 1970er Jahre ist die Partnerschaft, wie oben geschildert, breiter aufgestellt. Die Kontakte zwischen den Familien bewegen sich auf freundschaftlicher Ebene und die Kommunikation ist aufgrund der in den letzten Jahrzehnten deutlich verbesserten Sprachkenntnis-

Les chances en sont bonnes, parce qu'à la différence de l'époque 1966 - années 70 le jumelage repose sur une base plus large. Les contacts entre les familles sont amicaux et à cause des connaissances linguistiques améliorées la communication pose moins de problèmes. Ce que les jeunes se rendent visite de plus en plus sur leur propre initiative est un bon développement, parce que c'est absolument conforme avec les intentions des deux comités et, dans un cadre multinational, du contrat franco-allemand d'amitié : les rencontres des hommes de nos deux nations, qu'on avait d'abord besoin d'organiser, deviennent une entente amicale, qui va sans dire.

se für viele kein Problem mehr.

Erfreulich ist, dass gerade die Jüngeren Besuche zunehmend auf privater Basis abstatten. Das ist das eigentliche Ziel der Bemühungen beider Komitees und, im übergeordneten Rahmen, des Deutsch-Französischen Freundschaftsvertrages:

Die in den Anfängen noch organisierte Begegnung der Menschen unserer beiden Nationen entwickelt sich zu einem selbstverständlichen, freundschaftlichen Miteinander.

Eine besonders intensive Freundschaft verbindet die Familien Sergent und Gröger / Une amitié particulièrement intense unit les familles Sergent et Gröger

Heinz Nöding
Thematische Arbeit in den 90er Jahren

Travail thématique dans les années 90

Les comités au début des années 1990 / Die Komitees Anfang der 1990er Jahre

Brigitte Palazzolo-Nöding, Dominique Magnier

Nach und nach bildeten sich auf der deutschen und der französischen Seite neue Teams in den Partnerschaftskomitees. Bei der Gemeindereform war in

Des cotés français et allemand, peu à peu, se formaient des nouvelles équipes dans les comités de jumelage. Au moment de la réforme communale, les bourgmestres des petits villages, qui avaient perdu leur indépendance, avaient été remplacés par des « présidents de village », c'est-à-dire par un mandataire, qui avait moins de pouvoir de

den Orten, die ihre Selbständigkeit verloren, der Bürgermeister durch einen Ortsvorsteher ersetzt worden, also durch einen Mandatsträger mit weniger Machtbefugnissen, aber einer ähnlich hochgeachteten Funktion im Dorf.

In Uttershausen war das, wie in sehr vielen Orten, die gleiche Person, der ehemalige Bürgermeister Ernst Vaupel, der dann jahrzehntelang die Funktionen des Ortsvorstehers und des Vorsitzenden des Partnerschaftsausschusses miteinander verband. Heinrich Huber löste dann Ernst Vaupel als Ortsvorsteher ab und leitete auch gleichzeitig das Partnerschaftskomitee.

Er führte eine Tradition weiter, die die „Patenschaft", wie man in Uttershausen sagt, fest im Dorf verankerte, und er führte sie mit der ruhigen Hand eines Mannes, dessen Stimme im Dorf sehr viel gilt, die ganzen 90er Jahre hindurch, bis ihn Heinrich Gröger im Jahre 2001 ablöste. Wegzüge aus den beiden Orten, Lormaison und Wabern-Uttershausen, machten den Komitees immer wieder zu schaffen. So fiel mit dem Deutschlehrer Dominique Gué ein wichtiger sprachlicher Mittler weg und mit Sonja Kraushaar eine engagierte Organisatorin. Ein Zuzug aus dem Rhein-Neckar-Raum nach Wabern brachte mit dem Ehepaar Heinz Nöding und Brigitte Palazzolo-Nöding mit zwei für die Partnerschaft Engagierten und kompetent Zweisprachigen wieder ein wenig Ausgleich. Auf französischer Seite war mit dem Komiteevorsitzenden Dominique Magnier eine dynamische Unruhe in die Partnerschaft gekommen. Er machte seinen Gesprächspartnern immer wieder klar, dass die Partnerschaft nicht auf der Stelle treten darf, sondern den Kreis der Personen, die sie tragen, erweitern, auf Entwicklungen in Brüssel reagieren und thematische Vorschläge der EU aufgreifen muss.

Zunächst aber lief alles im gewohnten Rahmen. Die 30-Jahr-Feier der Partnerschaft 1996 in Uttershausen wurde im Sinne einer besinnlichen Rückschau auf drei Jahrzehnte deutsch-französischer Freundschaft gefeiert. Ernst Vaupel war noch einmal zu den Feierlichkeiten hinzugekommen und zeigte Filmmaterial, vor allem aus der Anfangszeit der Partnerschaft vor einem Publikum, das fasziniert zuschaute, aber die Personen in dem Film zumeist nicht mehr selbst kennen gelernt hatte. Wieder wuchsen Kinder in der Partnerschaft

décision, mais qui jouissait d'une considération tout à fait pareille dans le village, et c'était souvent l'ancien bourgmestre qui, après la réforme communale, devenait président de village. Uttershausen n'avait pas fait exception. Ernst Vaupel, qui avait été bourgmestre et président du comité de jumelage en même temps, devenait ensuite président de village, tout en gardant sa fonction de président du comité. Heinrich Huber, son successeur, reprenait de lui les deux fonctions. Comme cela, il continuait une tradition, qui ancrait très fortement dans le village, le jumelage, ou bien, comme on disait à Uttershausen, le « parrainage » (« die Patenschaft »), dont il était le président jusqu'en 2001, date, où Heinrich Gröger prenait la relève...

Coté français et coté allemand, les déménagements posaient un problème. Les comités ont perdu Dominique Gué, professeur d'allemand, qui avait joué un grand rôle pour la communication, et Sonja Kraushaar, qui s'était beaucoup engagée dans le comité allemand.

Parfois les déménagements venaient aussi combler les lacunes qu'ils avaient causées. Avec le couple Heinz Nöding et Brigitte Palazzolo-Nöding, qui avaient quitté la Bade pour vivre à Wabern-Hebel, il venait deux personnes bilingues et très engagées dans l'échange.

Coté français, le nouveau président du comité, Dominique Magnier, apportait un certain dynamisme dans l'échange. Il ne cessait de répéter à ses interlocuteurs, qu'il fallait avancer au lieu de s'arrêter sur des positions acquises, élargir le cercle des personnes, qui participent à l'échange, observer les développements à Bruxelles et réagir aux sujets proposés par la Communauté.

Mais, d'abord, tout se passait dans le cadre habituel. On fêta les 30 ans du jumelage comme une rétrospective dans une grande famille franco-allemande. Ernst Vaupel était venu encore une fois nous joindre dans la maison communale d' Uttershausen. Il montra des films surtout des premiers temps du jumelage devant un public, qui était fasciné, mais qui ne connaissait plus les personnages agissants. Des jeunes grandissaient dans le jumelage pour se disperser ensuite. Soudainement, au moment d'une nouvelle visite, on s'apercevait que la petite bande joyeuse autour d'Anne-Lucile était devenue des jeunes adultes très sympathiques, puis, un an plus tard, il en manquait déjà quelques-uns, qui vivaient et travaillaient ailleurs. Ceux, qui étaient venus,

auf und schließlich aus ihr hinaus. Aus der sehr lebhaften Meute um Anne-Lucile Sergent waren bei dem einen Besuch auf einmal fröhliche junge Erwachsene geworden, dann beim Gegenbesuch fehlten plötzlich einige von ihnen, die jetzt irgendwo anders wohnten und arbeiteten.

Die gekommen waren, wirkten ernster, auch sie in neuen Umfeldern tätig. Wenn die Idee, Orte miteinander zu verbinden, einen Sinn behalten soll, müssen die Abgänge immer wieder durch neue Teilnehmer am Austausch und neue Freundschaften kompensiert werden.

Erinnerungen verblassen, wenn sie nicht gleich aufgeschrieben werden, aber ich erinnere mich noch lebhaft an die Besuchsfahrten seit Pfingsten 2001, weil da, von Brüssel angestoßen, eine Entwicklung einsetzte, die vom touristischen Programm zur thematischen Arbeit übergehen sollte.

Der Besuch der deutschen Familien 2001 begann Pfingstsamstag am frühen Vormittag nach der Nacht im Bus wieder mit dem zur Tradition gewordenen Paris-Besuch. Eine kleine Gruppe aus Lormaison traf sich mit den Gästen an einem Bootsanleger der „bateaux mouches" und begleitete sie bei einer Fahrt auf der Seine zu den beiden Inseln der alten Innenstadt und bei einem Spaziergang durch das alte Viertel des Marais.

Auch der Sonntag stand im Zeichen der Kultur: Franzosen und Deutsche besuchten ein Impressionismus-Museum in Auvers-sur-Oise. Aber am Montag begleitete ein Teil der Gastgeber die Deutschen noch bis in das Nachbardepartement Somme, wo im Ersten Weltkrieg eine der erbittertsten Schlachten stattgefunden hatten und besuchte mit ihnen die Gedenkstätte von Péronne. Hier ist in einer alten Festung weniger die Schlacht selbst dokumentiert - das ist an einzelnen Originalschauplätzen der Umgebung der Fall - als die gesellschaftlichen und ideologischen Zusammenhänge, die sie möglich machten. In einem zentralen Teil

avaient l'air plus sérieux, eux aussi vivaient et travaillaient dans des nouveaux contextes. Si on veut que l'idée survive de jumeler des communes, les départs devront toujours être compensés par des nouveaux venus et par des nouvelles amitiés.

Les souvenirs se ternissent, quand on ne les met pas tout de suite sur du papier, mais je me rappelle encore très bien les échanges depuis la Pentecôte 2001, à cause d'un développement, qui répondait en partie à des exigences de la Communauté, et qui devait nous conduire du programme touristique au travail thématique.

En 2001, le samedi matin de la Pentecôte, après la nuit passée dans le car, la visite des familles allemandes commença avec la visite de Paris, qui était déjà passée dans les habitudes. Un petit groupe de Lormaisonnais attendait leurs amis à l'embarcadère des bateaux mouches près du Trocadéro. Ensemble, on se rendit à l'Ile de la Cité en bateau pour se promener ensuite dans le Marais.

Le dimanche après midi était également voué à la culture: Ensemble on visita le Musée de l'Impressionnisme d' Auvers-sur-Oise. Mais, le lundi matin, une délégation de Lormaisonnais accompagna encore les amis allemands jusque dans la Somme, où une des batailles les plus atroces avait eu lieu pendant la première guerre mondiale. On visita ensemble le mémorial de Péronne. Dans une vieille forteresse on avait documenté pas tellement la bataille elle-même - là, on peut se renseigner dans le département - mais le contexte social et idéologique qui l'avait rendu possible. Dans une partie centrale de l'exposition, des objets sont exposés dans des vitrines à trois étages, qui servent d'exemple pour des développements similaires en Allemagne, en France et en Grande Bretagne. Dénudée ainsi de son contexte d'historiographie nationale, la guerre apparaît encore plus atroce.

Très pensifs, les deux groupes quittèrent le musée. On était heureux de retrouver les amis de l'autre groupe à la sortie. On pouvait se rendre compte, avec un regard, un léger contact d'épaules, qu'on vivait à une époque différente, après les traités de Rome. Nous savions que les autres avaient reçu les mêmes informations, par le moyen de leur langue, et qu'ils en tiraient des conclusions analogues.

der Ausstellung sind in Vitrinen mit drei Etagen Exponate aus drei Ländern einander zugeordnet, die ähnliche Entwicklungen in Deutschland, Frankreich und Großbritannien zeigen. Der Krieg wird aus dem Kontext der nationalen Geschichtsschreibung herausgenommen und dadurch um so erschreckender. Die beiden Gruppen verließen das Museum sehr nachdenklich, und es ging wahrscheinlich nicht nur dem Chronisten so, dass er froh war, die französischen Freunde am Ausgang wieder zu treffen. Dass wir uns in der Zeit nach den römischen Verträgen befanden, war mit einem Blick und einer Berührung an der Schulter unwiderleglich nachprüfbar. Man wusste, dass der andere in dieser Gedenkstätte die gleichen Informationen, teilweise über seine jeweilige Sprache vermittelt, erhalten hatte und sie in ähnlicher Weise verarbeitete.

Begegnung Pfingsten 2002

In der Zwischenzeit hatte sich Europa weiterentwickelt. Der Beitritt einer größeren Zahl von Ländern stand bevor, die bisher weit am Rande der Wirtschaftsbeziehungen und Gesellschaftsentwicklungen gestanden hatten, die in der Mitte und im Westen Europas stattgefunden hatten. Die alte EU war in ihrer Gesamtheit gefordert, auf diese Beitrittsabsichten zu reagieren, einerseits durch eine Festigung des Erreichten - stärkeres Einbinden von alten Mitgliedsländern, die bisher wenig in Partnerschaftsbeziehungen integriert waren - andererseits durch eine Öffnung gegenüber den neuen Beitrittsländern. In Wabern dachte man an eine Partnerschaft mit einer polnischen Gemeinde.

Wenn man in Deutschland in der Nachkriegszeit aufgewachsen war, wusste man, dass eine solche Partnerschaft eine große Herausforderung für alle Beteiligten sein würde. Es hatte in der Nazizeit rassistische Vorurteile gegenüber den „Ostvölkern" gegeben, die nach dem Krieg nicht verschwunden waren. Daher die Idee des deutschen Komitees, die Pfingstbegegnung 2002 unter das Thema „Fremdenfeindlichkeit und Rassismus" zu stellen. Es sollte eine historisch orientierte Veranstaltung werden. Wir hatten daran gedacht, das ehemalige Stammlager IX A für Kriegsgefangene in Schwalmstadt-Trutzhain zu besichtigen.

In der Gedenkstätte Trutzhain empfingen uns Herr Munk, der langjährige Leiter des Museums Trutzhain und Herr Gerstmann, ein Lehrer aus Schwalmstadt und erläuterten uns die Geschichte des Ortes.

La rencontre de la Pentecôte 2002

L'Europe avait évolué entre-temps. Un grand nombre de pays avaient posé leur candidature, qui avaient été en marge des développements économiques et sociaux, qui s'étaient produits au centre et à l'Ouest de l'Europe. La vieille Communauté devait réagir à ces demandes dans son ensemble, d'une part en fortifiant les structures déjà existantes, par exemple en intégrant d'avantage des vieux membres, qui avaient peu participé à des relations d'échange, et d'autre part en s'ouvrant aux nouveaux candidats. A Wabern on pensait à un jumelage avec une commune polonaise.

Pour qui a vécu l'après-guerre en Allemagne, il était clair qu'un tel jumelage rencontrerait des obstacles de tous côtés. Du temps des nazis, il y avait eu, contre les « peuples de l'est », des préjugés racistes, qui n'avaient pas disparu après la guerre.

D'où l'idée du comité allemand de choisir « xénophobie et racisme » comme sujet de la rencontre de la Pentecôte 2002. On avait pensé à une rencontre à sujet historique: on voulait visiter le STALAG IX A, un ancien camp de prisonniers à Schwalmstadt-Trutzhain.

Au mémorial de Trutzhain nous avions deux guides, M. Munk, ancien directeur du musée, et M. Gerstmann, professeur du collège de Schwalmstadt, qui nous expliquèrent l'histoire du lieu. Avant 1939, il y avait eu un terrain vague, qu'on avait entouré d'un barbelé après la guerre contre la Pologne. Des milliers de prisonniers polonais y étaient logés dans des tentes, avant la construction des premières baraques. En 1940 les prisonniers français sont venus s'y joindre: nos invités avaient très vite trouvé la baraque no. 23, où le prisonnier le plus célèbre avait été interné: François Mitterrand, le futur président de la République.

A l'arrivée des Russes, on avait coupé le camp en deux avec une barrière de barbelés pour séparer les russes des ressortissants d'autres pays. La barrière était si haute, qu'on ne pouvait rien jeter de l'autre coté. Les Russes constituaient une minorité sous-privilégiée dans le camp. J'avais trouvé des chiffres dans la littérature, selon lesquels un tiers seulement des prisonniers à Trutzhain, mais deux tiers des morts était russes.

Après la guerre, on utilisait le camp pour accueillir les réfugiés allemands de l'est, et peu à

Bis 1939 war hier freies Feld, das nach dem Polenfeldzug mit Stacheldraht eingezäunt wurde. Tausende von polnischen Gefangenen waren hier bis zur Fertigstellung der ersten Baracken in Zelten untergebracht.

Baracke 23 / La baraque no. 23

1940 kamen Franzosen dazu: unsere Gäste suchten sofort die Baracke 23, wo der prominenteste Gefangene, der spätere Staatspräsident François Mitterrand untergebracht war.[1]

Bei der Ankunft der Russen wurde das Lager mit einem Stacheldrahtzaun geteilt um die Russen von den anderen Nationalitäten zu trennen. Der Zaun war so hoch, dass keine Gegenstände auf die andere Seite geworfen werden konnten.

Die Russen, das hatten wir aus der Literatur entnommen, stellten ein Drittel der Belegung des Lagers, aber zwei Drittel der Lagertoten seien Russen gewesen. Nach einer wechselvollen Nachkriegsgeschichte hatte das Lager Vertriebene aus den deutschen Ostgebieten und Osteuropa aufgenommen und war schließlich ein Dorf geworden.

Am Abend beschäftigten wir uns mit einem aktuellen Aspekt fremdenfeindlichen Verhaltens. Herr Hartrumpf und Herr Schmidt vom Starthilfe-Ausbildungsverband erklärten uns, was heute junge Leute zur Aggression gegen Ausländer bewegt, und was man dagegen tun kann: „Die wichtigste Ursache für rechtsextreme Gewalt ist die Desinte-gration von Menschen und Menschengruppen mit einem Defizit an sozialer Anerkennung". Latent anfällig für Rassismus und Gewalt sind daher existenzgefährdete und verunsicherte Jugendliche. Aus dem nicht gewalttätigen, aber rassistisch denkenden Umfeld erwartet der fremdenfeindliche Schläger seine Anerkennung als der, der ausführt, wovon andere nur reden. Im Xenos-Projekt werden fremdenfeindliche Jugendliche vorwiegend in mul-

peu, il se transformait en un village.

Dans la soirée, on s'occupait d'un aspect du phénomène de xénophobie. M. Hartrumpf et M. Schmidt nous ont expliqué ce qui porte des jeunes d'aujourd'hui à se comporter de façon raciste, et ce qu'on peut faire contre.

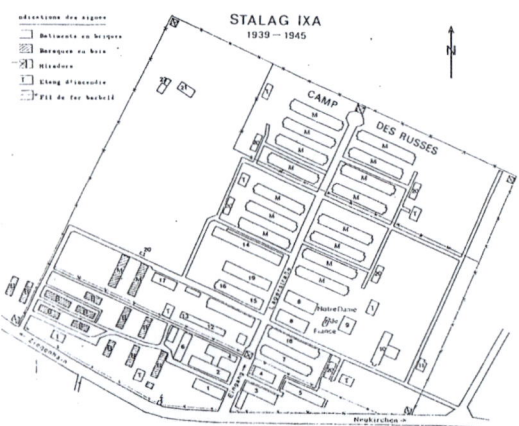

Plan des Lagers mit „Russenzaun" /
Plan du camp avec le " barbelé des Russes "

Während des Vortrags von Herrn Hartrumpf /
Pendant l'exposé de M. Hartrumpf

« La marginalisation d'individus et de groupes par la société et le manque d'appréciation sont les causes les plus importantes de la violence d'extrême droite ». C'est pour cela que les plus enclins au racisme et à la violence sont des adolescents menacés dans leur existence et peu sûrs d'eux. Un entourage tout aussi raciste, bien que moins agressif donne au délinquant raciste la sécurité de celui, qui fait ce dont les autres parlent seulement. On emploie, systématiquement, les jeunes aux tendances racistes dans des contextes multiculturels et dans le travail dans des mémo-riaux (Trutzhain/ Breitenau/ camp de concentra-

tikulturellen Zusammenhängen und zur Gedenk-
stättenarbeit eingesetzt (Trutzhain / Breitenau / KZ
Buchenwald - Weimar). Es geht darum, mögliche
Konsequenzen von Fremdenfeindlichkeit aufzuzei-
gen, mit dem Ziel, die diffus rechte politische
Orientierung zu reflektieren und zu ändern.

tion de Buchenwald) pour réfléchir avec eux sur
les conséquences possibles de la xénophobie.

Picknick in Karlshafen / Pique-nique à Karlshafen

Besuch im Hugenottenmuseum/
Visite du Musée des Huguenots

Abschied 2002 / Départ 2002

Wenn wir das ganze Wochenende unter das Thema
des Umgangs mit Fremden stellen wollten, bot es
sich an, beim Sonntagsausflug die Spuren einer
glücklicheren Episode des Umgangs der Deutschen
mit Ausländern zu besichtigen: am Ende des 17.
und am Anfang des 18. Jahrhunderts waren in
Nordhessen Tausende französischer Glaubens-
flüchtlinge, „Hugenotten", angekommen. Sie
waren in die damalige Gesellschaft integriert
worden, und der Landgraf hatte ihnen den
Gebrauch ihrer Sprache in Schule und Kirche

Unsere Kinder in Versailles / Nos enfants à Versailles

Pour donner au week-end entier un caractère
thématique, il nous restait l'excursion du dimanche. Nous avons choisi de visiter les vestiges d'un
épisode historique de la fin du XVIIe et du début
du XVIIIe siècle, où des milliers de réfugiés
protestants français étaient arrivés dans la Hesse-

garantiert. Wir haben die Stadt Karlshafen besichtigt, die sie gegründet haben, und das Museum, das ihrer Tätigkeit gewidmet ist.

Der traditionelle Tanzabend war trotz dieses sehr ernsten Themas so fröhlich wie immer... und der Abschied am Montagmorgen genau so schmerzhaft.

2003

2003 stand viel Geschichte auf dem Programm. Wir besuchten schon auf der Hinfahrt in Compiègne das Museum des Waffenstillstands von 1918, dann am Sonntag den Spiegelsaal von Versailles - daneben natürlich das wunderbare Barockschloss und seine Gartenanlagen - und als Überleitung in eine friedlichere Jetztzeit das ehemalige Wohnhaus von Jean ehemalige Wohnhaus von Jean Monnet, dem Vordenker und Mitbegründer der Europäischen Union, dem Vordenker und Mitbegründer der Europäischen Union.

Picknick in Jean Monnets ehemaligem Garten /
Pique-nique dans l'ancien jardin de Jean Monnet

2004 und 2005

Unsere Pfingsttreffen 2004 und 2005 waren den erneuerbaren Energien und dem Wasser gewidmet, zwei Umweltschutzthemen, beide von Europa angestoßen: die Menschen in der Europäischen Gemeinschaft wünschen sich einen Ausbau der erneuerbaren Energien.

Von den 4 Anlagen, die wir besucht haben, haben uns vor allem ein Windpark in Gilserberg imponiert und ein landwirtschaftlicher Betrieb in Bad Zwesten-Wenzigerode, eine Schweinefarm, die aus Biogas Strom erzeugt: das Gas aus Kot und Urin von 900 Schweinen treibt einen Motor an, der wie ein großer Schleppermotor aussieht und jährlich ca. 300.000 kWh Strom erzeugt.

Cassel: les Huguenots. Ils avaient alors été intégrés dans la société de l'époque, le landgrave leur avait donné du terrain pour bâtir, et leur avait garanti l'usage de leur langue à l'école et à l'église. Nous avons visité la ville de Karlshafen, qu'ils ont fondé, et le musée, qui témoigne de leur activité. Malgré ce sujet très sérieux, la soirée dansante a été tout aussi joyeuse que toujours...

... et les adieux, lundi matin, tout aussi pénibles.

Waffenstillstandsmuseum / Musée de l'Armistice

2003

En 2003 nous avions beaucoup d'histoire au programme. Déjà avant d'arriver à Lormaison nous avons visité le musée de l'Armistice de 1918 à Compiègne, puis le dimanche la galerie des Glaces de Versailles, et, naturellement, tout le château baroque merveilleux et son jardin, et comme transition vers un présent plus paisible l'ancienne maison d'habitation de Jean Monnet, un des penseurs et fondateurs de l'Union Européenne.

2004 et 2005

Nos rencontres de la Pentecôte 2004 et 2005 avaient pour sujet les énergies renouvelables et l'eau, tous les deux des sujets européens : les habitants des pays de l'union Européenne aimeraient une portion plus grande d'énergies renouvelables.

Parmi les 4 installations, que nous avons visités, deux nous ont particulièrement impressionnés : un parc éolien et une ferme qui produit du courant avec les excréments de 900 cochons :un moteur, qui ressemble à un grand moteur de tracteur, en produit 300.000 kWh par an, qui sont racheté par l' Electricité du Centre Allemagne (EAM). Avec l'installation de méthanisation la ferme puait beaucoup moins et l'émission dans l'atmosphère

Windpark bei Gilserberg / Parc éolien près de Gilserberg

Vortrag erneuerbare Energien /
Conférence sur les énergies renouvelables

Heinrich Huber, Heinrich Gröger : früherer und jetziger
Vorsitzender des Uttershäuser Komitees beim Klärwerk von
Méru / ancien président et président actuel du CdJ
d'Uttershausen au bassin d'épuration de Méru

55 km Kanäle zwischen Gärten / 55 km de canaux à travers
des jardins : Amiens, Hortillonnages

Beutelmeise, Schwarzmilan und Kiebitz an Eder und
Schwalm fotografiert / Variété de mésange, milan noir et
vanneau, photographiés près de l'Eder et de la Schwalm

de gaz qui augmentent l'effet de serre est très réduite.

L'eau, notre bien le plus précieux, les procédés d'épuration, les règlements européens concernant sa qualité nous ont occupés lors de la rencontre de 2005 à Lormaison. Sabine et Cédric Haltebourg ont rapporté d'un domaine, où ils étaient des spécialistes. On a visité la station d'épuration de

Er wird in das Netz eingespeist und mit 0,10 € pro kWh vergütet. Die Geruchsemission im Dorf ist drastisch zurückgegangen und die Emission von Treibhausgas in die Atmosphäre ist stark reduziert.

Bei unserer Begegnung Pfingsten 2005 in Lormaison ging es um unser kostbarstes Gut, das Wasser, die Verfahren zu seiner Reinhaltung und die europäischen Regelungen. Sabine und Cédric Haltebourg berichteten aus ihrem Arbeitsgebiet und führten die Besucher in ein Klärwerk, um dem Thema die nötige Tiefe zu geben. Es ging um Reinigung, Reinhaltung und Reinheitsvorschriften für das wichtigste Lebensmittel, aber auch um Fließgewässer und ihre Qualität.

Bürgermeister Günter Jung berichtete den Bürgern der Partnergemeinde von den Anstrengungen die Wabern unternimmt, und von Störchen, Schwarzmilanen, Bekassen, Flussregenpfeifern, Kranichen, Kiebitzen, Eisvögeln, Beutelmeisen, Uferschwalben, Graugänsen und anderen Vögeln von der roten Liste vom Aussterben bedrohter Tierarten, die sich in renaturierten Flächen an Schwalm und Eder wieder angesiedelt haben.

Passend zum Thema führte das Partnerschaftskomitee Lormaison seine Gäste bei schönem sonnigem Wetter zu einer Bootsfahrt in die Wassergärten von Amiens. Hier haben die Bewohner in früheren Jahrhunderten ein ehemaliges Sumpfgebiet nahe an der Innenstadt kultiviert und in einen riesigen Gemüsegarten verwandelt, der von 55 km Kanälen durchzogen wird. Einen Teil dieser Strecke fährt man in Barken auf einer geführten Besichtigung entlang.

Touristisch genauso unbekannt in Deutschland sind die Grotten von Naours unweit von Amiens, die die Gruppen aus den Partnergemeinden anschließend besichtigten. Hier haben sich die Einwohner ab dem 9. Jahrhundert in antiken unterirdischen Kalksteinbrüchen ein zweites Dorf unter der Erde mit Wohnungen, Ställen, Straßen und Plätzen angelegt, wo sie Jahrhunderte lang feindliche Invasionen überstanden. Im 20. Jahrhundert hat das leider schon lange nicht mehr funktioniert: die deutsche Armee hat im Gegenteil das Höhlendorf für ihre Zwecke genutzt.

Im Bewusstsein, dass auch die Freundschaft zwischen den Völkern ein Gut ist, das so wichtig ist wie Luft und Wasser, bereiten die beiden Gemeinden den 40. Geburtstag ihrer Partnerschaft vor, der im Jahre 2006 in Uttershausen gefeiert wird, und zu dessen Anlass diese Broschüre

Méru pour une approche plus profonde du sujet. Mais on a aussi parlé de la beauté des paysages où l'eau domine et du retour des oiseaux devenus rares là où ces paysages sont raisonnablement gérés. Le maire de Wabern, Jung, a montré des photos d'oiseaux qui figuraient tous sur la liste des animaux menacés d'extinction, comme la cigogne, le milan noir, la bécasse, le pluvier, la grue, le vanneau, le martin-pêcheur et des spécialités très rares de mésange, d'hirondelle, d'oie et de canard sauvages. Ces photos avaient toutes été prises par lui-même ou par un ami sur les bords de l'Eder ou de la Schwalm, qu'on avait ralentie près d'Uttershausen pour la retransformer dans son état d'origine.

Amiens

Dimanche, le comité français mena ses invités à Amiens pour visiter les Hortillonnages, un ancien marais près du centre-ville, que les habitants avaient transformé au cours des siècles en un jardin immense parcouru de 55 km de canaux. On visita encore les grottes de Naours près d'Amiens. Là, on avait creusé le plateau calcaire depuis le IIIe siècle, puis depuis le neuvième les habitants ont transformé ces anciennes carrières en un second village souterrain, où ils se cachaient avec leur bétail lors des invasions normandes et depuis dans toutes les guerres fréquentes jusqu'à la Révolution. Malheureusement, cela ne pouvait plus fonctionner au XXe siècle, où au contraire les occupants nazis se servaient des grottes.

Nous nous étions éloignés finalement de notre sujet, qui était « l'eau, notre bien le plus précieux », mais nous étions conscients que l'amitié entre les peuples constitue un bien aussi précieux que l'air et l'eau. Nous avons donc commencé à préparer le 40e anniversaire de notre jumelage qui aura lieu en 2006 avec, d'abord, une rencontre des comités à Lormaison, puis une fête avec toutes les familles à Uttershausen, et qui

erscheinen wird. Auch wenn dieses Fest vorbei sein wird, werden sich die beiden Gemeinden und ihre Partnerschaftskomitees noch viel zu erzählen und miteinander zu unternehmen wissen.

Lormaison heute

Die Gemeinde Lormaison liegt im Süden des Departements Oise in der Region Picardie. Die Position des Dorfes 60 km nördlich von Paris erlaubt es ihm, eine ländliche Umwelt zu bewahren, und ermöglicht trotzdem seiner aktiven Bevölkerung einen relativ leichten Zugang zum Arbeitsmarkt der Pariser Region, der Ile de France. Die Departement-Hauptstadt Beauvais, in 25 km Entfernung, das nahe Industriegebiet von Méru und die spezialisierte Stahlgießerei Norfond in Saint Crépin Ibouvillers bieten zahlreiche örtliche Arbeitsplätze in Fertigung, Verwaltung und Distribution.

Das Neubaugebiet, in dem sich die Uttershäuser Straße und die Straße der Partnerschaft befinden (le clos Pigeon) / le nouveau lotissement où sont situées les rues d'Uttershausen et la rue du jumelage (le clos Pigeon)

Mehr als 1250 Menschen wohnen im Dorf, in ganz verschiedenen Haustypen (Bauernhöfen, Altbauten und Neubausiedlungen). 50 Minuten Fahrt mit der Regionalbahn trennen den Bahnhof von Méru (3 km von Lormaison) von dem Pariser Nordbahnhof. Zwei Flughäfen sind in der Nähe von Lormaison: Roissy Charles de Gaulle mit Verbindungen in die ganze Welt und Beauvais, von wo hauptsächlich die Britischen Inseln, Nordeuropa, Spanien, Italien und Polen von „Low-cost"-Gesellschaften angeflogen werden. Lormaison liegt auch nahe (5 km)

an der Autobahn A 16, Paris - Calais - Eurotunnel

verra paraître cette brochure.

Mais même après cette fête il restera encore, pour les deux communes et leurs comités de jumelage, beaucoup à se raconter et beaucoup à entreprendre ensemble.

Dominique Magnier

Lormaison aujourd'hui.

La commune de Lormaison est située au Sud du département de l'Oise dans la région de Picardie. La position du village à 60 km au nord de Paris lui permet de garder un environnement rural de qualité tout en permettant à une partie de sa population active d'avoir un accès relativement aisé au bassin d'emploi de Paris - Ile de France. Le chef lieu de département de l'Oise, Beauvais, distant de 25 km, offre d'autres opportunités d'emploi. Enfin la proximité de la zone industrielle de Méru et de la fonderie d'aciers spéciaux Norfond à Saint Crépin Ibouvillers, procure de nombreux emplois locaux dans les services, la distribution et l'industrie. Plus de 1250 personnes habitent le village qui comporte des types variés d'habitation (fermes, maisons anciennes et lotissements de pavillons modernes). Sur le plan des moyens de communication, cinquante minutes de train régional séparent la gare de Méru (à 3km de Lormaison), de la gare du Nord à Paris. Deux aéroports sont proches de Lormaison : Roissy Charles de Gaulle qui dessert le monde entier et Beauvais qui dessert surtout les Iles Britanniques, l'Europe du nord, l'Espagne, l'Italie et la Pologne avec des compagnies aériennes « Low-cost ». Lormaison est aussi située à proximité (5km) de l'autoroute A16, Paris - Calais - Eurotunnel via

via Beauvais und Amiens. Diese Trasse erlaubt eine schnelle Zufahrt zu den Stränden der Picardie (ein ein halb Stunden mit dem Auto).

Beauvais et Amiens. Cet axe permet en outre un accès rapide aux plages de la côte picarde (1h30 de voiture).

Lormaison als Gemeinde des « district des Sablons »

Lormaison gehört zu einer erst kürzlich geschaffenen Verwaltungsstruktur, die mehrere Gemeinden im Umkreis von Méru umfasst, dem Gemeindeverbund „des Sablons". Diesem unterstehen die Feuerwehren, der Bebauungsleitplan (Industrie- und Handwerksgebiete), die Müllabfuhr, das Schwimmbad, das wunderbare Perlmuttmuseum, der alte Baubestand, der lokale ÖPNV, und der interkommunale Straßenbau. Der Distriktrat setzt sich aus gewählten Gemeindevertretern aller Gemeinden zusammen. Der Gemeinderat von Lormaison, seit 2001 unter der Leitung von Jean Pierre Lagny, ist für den kommunalen Straßenbau, Grundschule und Kindergarten, Schulkantine, Sozialhilfe, örtlichen Bebauungsplan, Feste und Veranstaltungen zuständig geblieben.

Lormaison commune du district des Sablons

Lormaison fait partie d'une structure administrative récente : la Communauté de Communes des Sablons qui regroupe des communes aux alentours de Méru. Cette structure gère les sapeurs pompiers, le schéma directeur d'urbanisme (zones industrielles et artisanales), les ordures ménagères, la piscine du district, le magnifique Musée de la Nacre, le patrimoine bâti, les transports publics locaux et la voirie intercommunale. Le conseil du district est formé par des élus municipaux de l'ensemble des communes. Dirigé par Jean Pierre Lagny depuis 2001, le conseil municipal de Lormaison a conservé la gestion de la voirie communale, des écoles primaires et maternelles, de la cantine scolaire, de l'aide sociale, de l'urbanisme local, des fêtes et des animations.

Ein Dorf in voller Entwicklung

In der Umgebung sind die Getreide-, Zuckerrüben und Rapsfelder vorherrschend. Zwei Bauernhöfe bestehen noch in Lormaison, einer davon ist auf Viehzucht und Milchwirtschaft spezialisiert. Wiesen und Obstgärten sind im Dorf praktisch verschwunden, sie sind durch große Neubausiedlungen ersetzt worden.

Durch eine dieser Siedlungen, den Clos Pigeon, geht die „rue d'Uttershausen". Andere Siedlungshäuser und Sozialbauten sind auf dem Gelände der ehemaligen Textilfabrik Neyret gebaut. Zu den Handwerkern und Gewerbebetrieben im Dorf sind zwei Unternehmen hinzugekommen, die sich in dem neuen Gewerbegebiet „la Reine Blanche" in der Nähe der Autobahn A16 angesiedelt haben, die voraussichtlich eine größere Zahl von Arbeitsplätzen für die einheimische Bevölkerung bringen; eins der beiden stellt hochtechnische Einzelteile für den Airbus A380 her.

Angesichts der gestiegenen Zahl von Kindern hat die Schule mehrere neue Klassenräume erhalten. Das Rathaus und sein Park sind verschönert und Spielplätze sind eingerichtet worden. Ein neues Fußballgelände, das den Normen des französischen Fußballbundes entspricht, ist eingerichtet worden.

Village en pleine évolution

Dans un milieu rural marqué par la présence des champs de céréales, de betteraves et de colza. Deux fermes subsistent à Lormaison dont une est plus orientée vers l'élevage de vaches allaitantes. Les prés et les vergers ont pratiquement disparu dans le village ; ils ont été remplacés par des lotissements importants de maisons individuelles.

Parmi ceux-ci, celui du Clos Pigeon est traversé par la rue d'Uttershausen. D'autres pavillons et des logements sociaux ont pris la place occupée jadis par l'usine de textile Neyret. Aux quelques artisans et ateliers situés dans le village, se sont ajoutées deux entreprises qui se sont installées dans la nouvelle zone d'activité de « la Reine Blanche » près de l'autoroute A16, l'une d'elles fabriquant des pièces de haute technicité pour

Zuckerrübenfeld / champs de betteraves

l'Airbus A380.

Elles devraient procurer un nombre significatif d'emplois à la population locale qui comporte de nombreux jeunes. Des classes supplémentaires ont été construites à l'école compte tenu de l'augmentation du nombre des enfants. La Mairie et son parc ont été réaménagés et des jeux pour enfants ont été installés.

Gewerbegebiet „Reine Blanche" / zone d'activité de « la Reine Blanche »

Auf dem Aktionsplan der Gemeindeverwaltung steht das Projekt eines Multifunktionssaals, den die Einwohner mit Ungeduld erwarten und der seit Dezember 2005 im Bau ist.

Un nouveau terrain de football a été aménagé en conformité avec les normes de la fédération française de football. Il reste maintenant à la municipalité à mener le projet de salle multi-fonctions que les habitants et la population attendent avec impatience. La première pierre de cette construction a été posée en décembre 2005.

Kultur- und Freizeitangebot

Es gibt um Lormaison zahlreiche touristische und Freizeitmöglichkeiten: neben Paris, nach Meinung vieler Besucher die schönste Stadt der Welt, gibt es im Umkreis einer Autostunde Städte von großem historischem und künstlerischem Interesse: Versailles, Beauvais, Amiens, Compiègne, Senlis und Chantilly. Das Oise-Tal, Wohnort und Ort des Schaffens impressionister Maler und die großen Erbforsten der ehemaligen königlichen Jagddomä-

Proximité de grands pôles culturels

Les possibilités d'activités touristiques et culturelles sont nombreuses autour de Lormaison : outre Paris, la plus belle ville du monde selon beaucoup de visiteurs, des villes situées à moins d'une heure de voiture sont d'un grand intérêt historique et artistique : Versailles, Beauvais, Amiens, Compiègne, Senlis et Chantilly. La vallée de l'Oise, lieu de résidence et d'inspiration des peintres impressionnistes et les grandes forêts héritières des

nen der Oise sind weitere angenehme und abwechslungsreiche Ausflugsziele. Ausflüge in den neu geschaffenen Naturpark des Vexin, weniger als 10 km von Lormaison, runden diese Auswahl ruhiger Tagesunternehmungen ab.

Vergnügungsparks aller Größen ermöglichen den Familien angenehme Tage der Entspannung und des Spiels. Die Geschichte des Dorfes ist von Tabletterie-Werkstätten und Betrieben zur Fabrikation von Perlmuttknöpfen bestimmt, die alle während der zweiten Hälfte des 20. Jahrhunderts verschwunden sind. Im Dorf gibt es außer einem einzigen Unternehmen, der Firma Tabary, nur noch Straßennamen, die an diese arbeitsame Vergangenheit erinnern und Stücke von Perlmuttmuscheln im Oberflächenbelag der Gartenalleen und Feldwege. Des Perlmutt- und Tabletterie-Museum in Méru zeigt zahlreiche Erinnerungen an diese Aktivitäten.

Veranstaltungen das ganze Jahr über

Die Kultur- und Sportereignisse unseres Dorfes

werden von verschiedenen Organisationen und Vereinen gestaltet: Die Sport- und Kulturjugend Lormaison, deren Ziel es ist, jedes Jahr mehrere Veranstaltungen in unserer Gemeinde zu organisieren (Dorfwettkämpfe Anfang Juli,14 Juli mit Feuerwerk, Tanzabend und „Themenessen" im Juni, Weihnachtsveranstaltungen, Konzerte, kommunales Knopffest im Juni). Der Fußballclub von Lormaison, erst vor kurzem gegründet, vereint die Ballfanatiker. Der Kampfsportclub Lormaison ist ein Karateclub, den viele Kinder besuchen, und der sehr mitgliederstark ist. Der Club des Lächelns wird von älteren Menschen besucht. Er veranstaltet in jedem Oktober einen Flohmarkt, der sehr viele Menschen aus der Gegend anzieht. Der Ortsverein ehemaliger Kriegsteilnehmer ist vor allem bei Gedenkfeierlichkeiten präsent. Der Elternverein nimmt an dem Fest der Schulen im Juni und am Fastnachtsdienstagsumzug teil.

Das Freizeitzentrum betreut die Kinder, deren

anciens domaines de chasse royaux de l'Oise sont d'autres buts de promenades agréables et variées. Les visites des sites du nouveau parc naturel du Vexin, à moins de 10 km de Lormaison, complètent le choix de ballades tranquilles que l'on peut effectuer.

Enfin des parcs d'attraction de toutes les tailles permettent aux familles de passer d'agréables journées de détente et de jeux. Au niveau local, l'histoire du village a été marquée par la présence d'ateliers de tabletterie et de fabrication de boutons de nacre qui ont tous disparu durant la seconde moitié du vingtième siècle. Seuls subsistent dans le village, des noms de rues et des morceaux de coquilles de nacre un peu partout sur le revêtement des allées de jardin et sur les chemins ruraux, qui rappellent ce passé laborieux . Le Musée de la Nacre et de la tabletterie de Méru rassemble de nombreux souvenirs de ces activités.

Des animations toute l'année

L'animation culturelle et sportive de notre village de Lormaison est assurée par plusieurs organismes et associations :
- La Jeunesse Sportive et Culturelle de Lormaison dont le but est d'organiser plusieurs événements chaque année dans notre cité. (Jeux Intervillages début Juillet,14 Juillet et feu d'artifice, soirée dansante et dîner à thème en Juin, animations de Noël, concerts, Fête communale des Boutons en Juin).
- Le Football Club de Lormaison, une association récente qui rassemble les fanatiques du ballon rond.
- Le Club Lormaisonnais d'Arts Martiaux : un club de karaté fréquenté par de nombreux enfants et qui compte le plus grand nombre d'adhérents.
- Le Club du sourire qui regroupe des aînés de Lormaison et dont la brocante annuelle du mois d'octobre attire de nombreuses personnes de la région.
- La Section locale des anciens combattants présente en particulier lors des cérémonies du souvenir .
- L'Association des Parents d'Elèves qui participe à la fête des Ecoles en Juin et au défilé du Mardis Gras.

Le Centre de Loisirs prend en charge les enfants dont les parents travaillent, le matin avant l'école, le midi et le soir entre 16h30 et 19h. Cet

Eltern arbeiten, morgens vor der Schule, Mittag und am Nachmittag zwischen 16.30 und 19 Uhr. Dieser Organismus leitet auch Veranstaltungen für die Kinder an Mittwochen und Urlaubfahrten während der Schulferien.

Schließlich das Partnerschaftskomitee, ein Verein, dessen Aufgabe die Pflege der Partnerschaftsbeziehungen mit Wabern-Uttershausen und die Verbreitung der Europa-Idee ist. Über die jährlichen deutsch-französischen Begegnungen hinaus organisiert er jedes zweite Jahr für zwei Klassen der Schule von Lormaison eine Fahrt nach Paris zu der Ausstellung „Quellen Europas". Das Partnerschaftskomitee ist Mitglied des Bundes der Partnerschaften der Oise und kann so an europäischen Ausbildungsseminaren und Studienfahrten nach Brüssel und Straßburg teilnehmen.

Zusammenfassung

Unser Dorf profitiert noch von einer reichen natürlichen Umwelt und einem riesigen Arbeitsmarkt in erreichbarer Nähe. Aber man kann schon das mittelfristige Risiko des Einbezugs der Gemeinde in den äußersten Vorortring von Paris ahnen. Überall im Kanton schwindet die bebaute Ackerfläche unter dem demographischen Druck. Das Oise-Tal weniger als 20 km von Lormaison ist schon fast vollständig verstädtert. Der Zuzug neuer Einwohner aus dem Pariser Raum bringt auch Bedürfnisse nach einem Ausbau von Infrastrukturen und Diensten mit sich, die die Mittel einer Gemeinde wie Lormaison übersteigen. Es sind Entscheidungen auf dem Gebiet der Kriterien von Lebensqualität zu treffen, und die kommenden Jahre werden für das Dorf entscheidend sein.

organisme encadre aussi des animations et des séjours pour les enfants durant les mercredi et les vacances scolaires.

Et enfin le Comité de Jumelage, association qui a la charge des activités liées au partenariat avec Wabern-Uttershausen et à la promotion des idées européennes. En plus des rencontres annuelles franco-allemandes, celui-ci organise tous les deux ans, un voyage à l'exposition Sources d'Europe à Paris pour deux classes de l' école de Lormaison.

Le Comité de Jumelage fait partie de la Fédération des Comités de Jumelage de l'Oise et peut participer ainsi à des séminaires de formation européenne et à des voyages d'étude à Bruxelles ou Strasbourg.

Conclusion

Notre village bénéficie encore d'un environnement de qualité à proximité de bassins d'emplois importants. Mais on peut toutefois commencer à mesurer le risque d'absorption à moyen terme de la commune par la grande banlieue parisienne. Partout dans le canton, la surface des terres agricoles diminue sous la pression démographique. A moins de vingt kilomètres de Lormaison, la vallée de l'Oise est déjà pratiquement complètement urbanisée. L'apport de nouveaux habitants en provenance de l'Ile de France a induit aussi des besoins en terme d'infrastructures et de services qui dépassent largement les moyens de commune comme celle de Lormaison. Des choix au niveau des critères de qualité de vie sont à faire et les années à venir s'annoncent décisives pour le village.

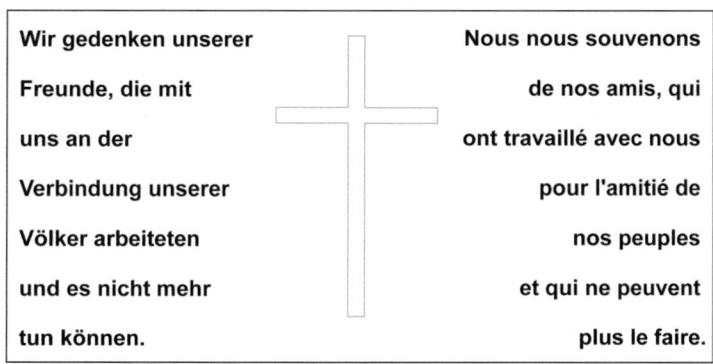

Wir gedenken unserer		Nous nous souvenons
Freunde, die mit		de nos amis, qui
uns an der		ont travaillé avec nous
Verbindung unserer		pour l'amitié de
Völker arbeiteten		nos peuples
und es nicht mehr		et qui ne peuvent
tun können.		plus le faire.

Ernst Vaupel

Beschreibung der alten Glocke
im Uttershäuser Kirchturm
aus dem Jahre 1438

Description de la vieille cloche
de 1438 dans le clocher de l'église d'Uttershausen

Zwischen den Stricklinien des Halses
in gotischen Minuskeln die Unterschrift:
Kleines Kruzifix, anno des
Wilsnacher Pilgerzeichen
im Kreis ein Engel
der ein Gesicht vor der Brust hält
mit dem Christuskopf
mit Heiligenschein
cccc Maria mit dem Christuskind
xxxix+festum+ micheilis
Unterhalb auf dem Spiegel
im flachen Relief angegossen eine stehende Madonna
und drei Pilgerzeichen
von denen das erste
mit drei Ösen versehen
den auf göttlichen Thron sitzenden Petrus darstellt
der einen Schlüssel vor sich hält
Die zweite Darstellung zeigt den heiligen Michael
der einen Drachen erledigt
links Jakobus mit dem Pilgerstab
und die heilige Barbara mit dem Kelch
Dann ist ein Reiter der eine Monstranz zeigt
mit einem Wappen
dazwischen unter einem Krabben besetzten
Kielboden
Die Glocke hat sämtliche Kriege überstanden.
1951 wurde die zweite Glocke gekauft
Sie trägt die Inschrift:
„Land, Land, Land höre des Herren Wort".

Entre les lignes tressées du cou
en minuscules gothiques cette signature :
petit crucifix, de l'an du
signe du pèlerinage de Wilsnach
dans un cercle un ange
qui tient un visage devant sa poitrine
avec la tête du Christ
avec auréole
cccc Marie avec l'enfant Jésus
xxxix+festum+ micheilis
En dessous sur le miroir
fondu en bas-relief une Sainte Marie debout
et trois signes de pèlerinage
dont le premier
pourvu de trois anneaux
représente Saint Pierre assis au trône divin
tenant devant lui une clé
la deuxième représentation montre Saint Michel
terrassant un dragon
à gauche Saint Jacques avec un bâton de pèlerin
et Sainte Barbara avec un calice
Puis il y a un chevalier qui montre un ostensoir
avec un blason
entre les deux un fonds de cale avec des
crabes
La cloche a surmonté toutes les guerres.
En 1951 fut acheté une deuxième cloche
Elle porte l'inscription :
« Pays! Pays! Pays écoute la parole du Seigneur !»

Michael Meinicke
Märchenland

In unserer Region sammelten die Gebrüder Grimm um 1800 Märchen und Sagen. Dazu gehörten auch Aschenputtel und Dornröschen. Viele Jahre zuvor wurden diese beiden Märchen bereits vom Französischen Dichter Charles Perrault notiert.

Am Ufer des Flüsschens Schwalm bei Uttershausen befinden sich die Wichtelhöhlen. Eine alte Sage berichtet über das Treiben der kleinen Männlein. Aktuell wird daran gearbeitet, die Wichtel zu einem Wahrzeichen des Dorfes werden zu lassen.

Es gibt für das Wappen von Utterhausen mehrere Vorbilder. Eine der ältesten Abbildungen findet sich im Verzeichnis der Adelsfamilien. Angelegt von Johannes Heinrich Stockhausen im Jahre 1714. Das Wappen zeigt zwei grüne Papageien auf einem Holzklapptisch. Darüber einen Ritterkopf. Der Tisch könnte aus einem Feldlager stammen. Vielleicht nahm 1270 Ritter MEINRICH von Uttershausen am Kreuzzug unter Ludwig IX. von Frankreich teil und brachte die Vögel als Beute mit.

Das heutige, modernisierte Wappen zeigt braune Vögel, noch immer mit grünen Papageienschnäbeln.

Pays des contes de fées

Vers 1800, les Frères Grimm ont collectionné des contes de fées et des légendes dans notre région, des contes comme Cendrillon et la Belle au Bois dormant, qui avaient été notés longtemps avant par le poète français Charles Perrault.

Au bord de la Schwalm près d'Uttershausen il y a les Antres des Nains. Une vieille légende raconte des activités des petits bonshommes. Actuellement on voudrait faire des nains un emblème de notre village.

Pour le blason d'Uttershausen, il existe plusieurs modèles. Une des plus vieilles représentations se trouve dans le registre des familles nobles par J. H. Stockhausen de 1714. Il montre deux perroquets verts sur une table pliante en bois, le tout surmonté d'une tête de chevalier.

Le blason modernisé d'aujourd'hui montre des oiseaux bruns, mais toujours avec des becs verts de perroquet.

Der Schriftsteller Michael Meinicke lebt seit 1991 in Uttershausen, wo er sich ein altes Haus gekauft und renoviert hat / L'écrivain Michael Meinicke vit depuis 1991 à Uttershausen, où il a acheté et retapé une vieille maison.

Jörg Huber
Uttershausen, eine knappe Beschreibung

Der Ort vom Mittelalter bis heute

Uttershausen wird zum erstenmal im Jahre 1074 in einer Urkunde des Klosters Hasungen als "Oderadeshusun" erwähnt. Seine Gründung muss jedoch früher erfolgt sein. Der Ortsname mit der Endung "-hausen" lässt darauf schließen, dass der Ort in der Phase des fränkischen Landesausbaus angelegt wurde, die sich über den Zeitraum von etwa 400 - 800 n. Chr. erstreckte. Gerade die Zeit von 700 - 800 n. Chr. brachte für unser Gebiet nachhaltige Veränderungen mit sich: Unsere heidnischen Vorfahren, die Chatten, wurden durch Bonifatius und seine Gefolgsleute christianisiert. Ein Schwerpunkt der Heidenmission war Fritzlar. Also dürfte auch Uttershausen, wenn es zu dieser Zeit schon bestand, davon unmittelbar betroffen gewesen sein.

Der Ortsname geht vermutlich auf einen Adligen namens Otrat zurück, der Ländereien an der alten Heerstraße von Ziegenhain nach Kassel hatte.

Das frühe Schicksal des Ortes liegt weitgehend im Dunkeln. Im Hochmittelalter, also etwa vom 11. bis 14. Jahrhundert, teilen sich mehrere Grundherren Besitzrechte und Naturalabgaben des Ortes. Im Jahre 1441 gelangt der Ort zusammen mit Hebel, Mardorf und Berge in den Besitz der sich ausbildenden Landgrafschaft Hessen.

Um 1526 wird das ehemals katholische Hessen, und damit auch Uttershausen, protestantisch. Während des 30-jährigen Krieges (1618-1648), in dem die europäischen Mächte (auch Frankreich) ihre teils religiösen Konflikte auf deutschem Boden austrugen, wird unser Ort - genau wie die Nachbarorte - viel Leid erfahren haben. Eine Zählung der Bevölkerung ergab, dass die Zahl der Familienvorstände im Verlauf des Krieges von 49 auf 21 sank. Die Zahlen machen deutlich, dass dieser Konflikt stärkere Auswirkungen auf die Zivilbevölkerung hatte als die beiden Weltkriege. Zahlreiche Aufzeichnungen von Gräueltaten an Zivilisten, begangen von marodierenden Söldnern ("Schwedentrunk"), lassen den Schrecken dieser Jahre erahnen.

300 Jahre lang hatte der Ort - wie die ganze Region - Zeit, sich von diesem einschneidenden Ereignis zu erholen, bis mit dem 1. aber vor allem mit dem 2. Weltkrieg ähnlich großes Unheil über ihn hereinbrach.

Brève description d'Uttershausen

Le village entre le Moyen Age et aujourd'hui

Uttershausen fut mentionné la première fois dans un document du cloître de Hasungen de 1074, il s'appelait alors « Oderadeshusun ». Il doit avoir été fondé plus tôt, parce que les villages avec la désinence « -hausen » datent normalement de l'époque où les francs arrondissaient leur conquête, qui avait lieu entre 400 et 800 de notre ère. Au huitième siècle notre région a changé radicalement : nos ancêtres païens, les Chatti, furent christianisés par Bonifatius et ses gens. Fritzlar était un des point de départ de la mission. Si Uttershausen existait déjà, il était alors directement concerné.

Le nom du village vient peut-être d'un noble, qui possédait des terres au bord de la vieille route militaire entre Ziegenhain et Kassel.

Le sort du village est encore dans les ténèbres jusqu'au Haut Moyen Age. Entre les 11e et 14e siècles, plusieurs seigneuries se partagent la terre et ses redevances. En 1441 le village entre en possession du landgrave de Hesse avec les villages de Hebel, Mardorf et Berge.

Autour de 1526 la Hesse, et y compris Uttershausen, adopte la réforme luthérienne de l'église. La guerre de 30 ans (1618-1648), où les pouvoirs européens (y compris la France) luttaient sur le sol allemand pour des raisons pas toujours religieuses, a fait beaucoup de mal à notre village - tout comme aux villages voisins. La population diminua de fa☺35on dramatique : le nombre des chefs de familles, 49 avant la guerre, tomba à 21. Cela montre que l'impact du conflit sur la population était plus terrible encore que les deux guerres mondiales. De nombreux récits parlent terribles cruautés commis par des soudards marudeurs, et laissent deviner l'horreur de ces années.

Après deux siècles et demi d'un calme relatif et de repos pour le village et la région entière la première guerre mondiale, puis surtout la deuxième plongèrent le pays dans un désastre comparable.

Aspect extérieur du village

L'aspect caractéristique du vieux noyau du village résulte de l'arrangement circulaire des maisons à colombages et des exploitations agricoles autour de l'église, qui est typique du village francique

Ortsbild

Die charakteristische Gestalt des alten Ortskernes ergibt sich durch die ringförmige Anlage der Fachwerkhäuser und -höfe um die Kirche, die dem Ort das Gepräge eines fränkischen Haufendorfes geben.

Die Kirche stammt in wesentlichen Teilen (spätgotischer Chor) aus dem Jahre 1520. Im Jahre 1767 wurde sie, vermutlich nach einem Erdbeben, in großen Teilen erneuert und dabei nach Westen erweitert. Dabei erhielt sie auch ihren charakteristischen Dachreiter, der den Glockenstuhl beinhaltet.

Genau wie in der sozialen Struktur fanden nach dem zweiten Weltkrieg auch grundlegende Änderungen im Ortsaufbau statt. Durch Anlage von Neubaugebieten seit den 60er Jahren hat sich die bebaute Fläche des Ortes mehr als verdoppelt. Die Zahl der Wohnhäuser stieg von 86 im Jahre 1945 auf heute mehr als 170 an. Dabei war die Einwohnerzahl in der selben Zeit rückläufig.

Leider fielen vor allem in den 70er Jahren des letzten Jahrhunderts zahlreiche teils stattliche Fachwerkhäuser dem mit dem Anstieg des Wohlstands einher gehenden Modernisierungswahn zum Opfer. In jüngster Zeit bemüht man sich, den Ortskern mit seinen verbliebenen historischen Gebäuden zu bewahren. Die Gemeindeverwaltung hat dieses Bemühen durch historisierende Gestaltung von Straßen und Wegen unterstützt, so dass Uttershausen heute wieder einen schmucken Eindruck macht.

Gesellschaftliche und wirtschaftliche Entwicklung der Nachkriegszeit

Von den Anfängen des Ortes bis zur Hälfte des 20. Jahrhunderts war die Landwirtschaft der vorherrschende Erwerbszweig. Allenfalls kleine Handwerksbetriebe (Schmiede, Tischler, Schneider, Krämer usw.) bereicherten die Palette der Berufe. Nach dem 2. Weltkrieg und den damit verbundenen Entwicklungen setzte ein umfassender Strukturwandel ein. So stieg durch den Bevölkerungszustrom aus den abgetrennten deutschen Ostgebieten die Einwohnerzahl von etwa 450 im Jahre 1939 auf über 700 im Jahre 1946 an. Die Landwirtschaft konnte die zusätzlichen Menschen nicht mehr beschäftigen. Die in diesem Bereich fortschreitende Technisierung setzte darüber hinaus eine große Anzahl Arbeitskräfte frei. Diese fanden Arbeit in den aufstrebenden Industriebetrieben Kassels, im

sans alignement.

L'église date pour sa majeure partie de l'an 1520 (chœur en style gothique flamboyant). En 1767, vraisemblablement après un tremblement de terre, elle fut refait en grande partie et élargie vers l'ouest. Elle reçut à cette occasion son élément caractéristique, qui est le lanternon de la croisée, qui contient la charpente du clocher.

Après la deuxième guerre mondiale des changements profonds touchèrent la structure sociale mais également l'aspect extérieur du village. Par des nouveaux lotissements la superficie du village a été plus que doublée depuis les années 1960. Le nombre des habitants, qui était de 86 en 1945 montait à 170 aujourd'hui. En m^me temps le nombre des habitants reculait.

Il est dommage que dans les années 1970 de nombreuses maisons à colombages dont quelques unes assez belles, furent des victimes de la folie modernisatrice qui était le revers de la médaille de plus d'aisance et de bien-être. Dans les dernières années, on s'est efforcé de conserver intact le noyau du village avec les bâtiments historiques qui sont restés. L'administration de la commune a L'administration de la commune à appuyé ces efforts en façonnant les rues et chemins de façon selon des modèles historiques. Ainsi le village a reçu a nouveau un bel aspect extérieur.

Développement social et économique de l'après-guerre

Entre les débuts du village et le milieu du 20e siècle, l'agriculture était le secteur d'activité dominant. Seules de petits ateliers artisanaux (forgeron, menuisier, tailleur, boutiquier etc.) venaient s'ajouter à la gamme des professions. Après la deuxième guerre mondiale un changement profond des structures intervint. Par l'afflux des réfugiés de l'est, la population augmenta de 450 en 1939 à 700 en 1946. Les surnuméraires ne trouvaient plus d'emploi dans agriculture, où par surcroît la mécanisation libérait encore un grand nombre de travailleurs qui trouvaient des emplois dans des entreprises industrielles de Kassel, dans les mines de houille autour de Borken, auprès de la société de chemin de fer, dans la sucrerie de Wabern et dans l'entreprise de béton et gravier au village. Ainsi dans la moitié seulement d'un âge d'homme Uttershausen ancien villages de paysans avec quelques ateliers artisanaux seulement est devenu un lieu d'habitation d'ouvriers avec quelques rares entreprises agricoles.

Kohlebergbau rund um Borken, bei der Bahn, in der Waberner Zuckerfabrik oder im örtlichen Beton- und Kieswerk. So entwickelte sich Uttershausen innerhalb eines halben Menschenalters vom Bauerndorf mit Handwerksbetrieben zum Arbeiter-"wohn"-ort mit wenigen landwirtschaftlichen Betrieben.

Kennzeichnend für den Ort ist ein reiches Vereinsangebot, das heute das gesellschaftliche Leben bestimmt. Neben den "alten" Vereinen wie Männergesangverein, freiwillige Feuerwehr, Sportverein, Fischereiverein und Brieftaubenverein hat sich in jüngerer Zeit auch der neu gegründete Kulturverein etabliert.

Alter Bauernhof in neuer Funktion / Vieille ferme dans une nouvelle fonction

Die Vereine stellen nach dem Wegfall der bäuerlichen Solidargemeinschaft die Klammern für den Zusammenhalt der Uttershäuser Bevölkerung dar. Nur Dank der tatkräftigen Hilfe ihrer zahlreichen Mitglieder hat es der Ort immer wieder geschafft, große Feste wie z.B. die 900 bzw. 925-Jahrfeier (1974 bzw. 1999) zu organisieren. Aber auch die Partnerschaft mit Lormaison wäre ohne die Mithilfe der Vereine in ihrer heutigen Form und ihrem Umfang nicht zu realisieren.

De nombreuses associations dominent aujourd'hui la vie sociale. A coté des clubs « traditionnels » comme la chorale, les pompiers bénévoles, le club sportif, l'association des pêchers et le club des colombophiles il s'est établi dernièrement un club de la culture.

Après le déclin de la communauté solidaire des paysans, ces clubs sont ce qui unit la population d'Uttershausen. Ce n'est que grâce à l'aide de leurs nombreux adhérents, que le village a réussi à organiser des grandes fêtes comme p. ex. le 900ᵉ anniversaire du village en 1974 où le 925ᵉ en 1999. Et le jumelage dans sa forme actuelle ne serait non plus réalisable sans leur apport.

Lormaison: Ein wenig Geschichte

("Lormaison-Info" 1/1990)
Am 16.04.88, also kurz nachdem Dugendre Bürgermeister von Lormaison wurde, meldete die Gemeinde folgendes Wappen beim französischen Heraldikinstitut an: „Azurblau mit goldenem Giebel, darauf drei Weizengarben mit zwei silbernen Schlössern darüber und in der Giebelspitze einem gleichfalls silbernen Wolf, sowie ganz oben drei Muscheln". Die einzelnen Symbole waren gewählt worden, um an bestimmte Dinge in der Geschichte des Ortes zu erinnern. Die vier Farben stammen aus dem Wappen der Picardie: Blau, Weiß (hier als silberne Farbe), Rot und Gold.

Guy Dugendre
Lormaison: Un peu d'Histoire

(« Lormaison Info », 1er trim. 1990)
Le blason de notre commune déposé et enregistré par la maintenance héraldique de France le 16 Avril 1988 est défini « D'azur au chevron d'or chargé de trois gerbes de blé de sable, accompagné en chef [= en haut] de deux châteaux d'argent ouverts du troisième et en pointe d'un loup aussi d'argent et au chef cousu de gueules chargé de trois coquilles du dernier ». Ces éléments composant le blason de notre Village, symbolisent les moments forts de notre histoire tout le long des siècles passés. Les couleurs sont au nombre de quatre et reprennent celles du blason de Picardie : Bleu de France ; gueules rouge blanc (argent) et Or.

Le Loup

(Période gallo-romaine / moyen âge)

Der Wolf

(gallisch-römische Zeit und Mittelalter)
Das auf einem Hügel gelegene Dorf ist schon in römischer Zeit erwähnt worden, und zwar mit dem Namen „Lupidonus", in dem das lateinische Wort „lupus" = „Wolf" vorkommt: der Ort lag auf einer Lichtung inmitten der großen Wälder von Thelle und Beauvais, die von großen Wolfsrudeln unsicher gemacht wurden. Die Wölfe waren wohl auch der Grund dafür, dass die Behausungen hier sehr früh mit festen Materialien gebaut wurden. Der heutige Namensbestandteil „maison" bezeichnet ein festes, z. B. Steinhaus, keine Hütte. Der heutige Name ist in anderen Schreibungen (Lors Maisons - Lours Maisons - Lez Nos Maisons = „deren Häuser", „bei unseren Häusern") schon in karolingischer und kapetingischer Zeit erwähnt. 1331 hat es unter Philippe de Valois sogar eine Zählung gegeben: Lormaison hatte damals 11 Herdstellen (= Haushalte).

Die Schlösser

Die beiden Schlösser im Wappen stehen für ein sehr altes Schloss, das es nicht mehr gibt, und für das bürgerliche „Schlösschen", das heute Rathaus ist. Das alte Schloss hatte wahrscheinlich der Bischof von Beauvais, Hugues de Lormaison, 1248 als Schutz gegen die Beutezüge der Normannen bauen lassen. Es wurde zerstört, als sich nach dem Regierungsantritt Heinrichs des IV. örtliche Teilnehmer eines Adelsliga dort festgesetzt hatten: die Liga kämpfte gegen Heinrichs Toleranzedikt, das den Protestanten Religionsfreiheit zusicherte. Er selbst war erst kurz vor seiner Thronbesteigung wieder zum Katholizismus zurückgekehrt. Die Belagerer zündeten das Schloss an und rissen es nach ihrem Sieg bis zu den Fundamenten ab, ließen aber als gläubige Christen die Kirche stehen, die heute noch als Dorfkirche von Lormaison dient. Das Schloss erstreckte sich demnach von dem Bauernhof der Familie Postolle bis etwa zu dem heutigen Friedhof. Viel später, in 1800, baute ein reicher Fabrikant von Baumwollstoffen das Schlösschen, das die Gemeinde 1974 kaufte und seither als Rathaus verwendet.

Die Weizengarben

Sie symbolisieren den Ackerbau der Gegend von Lormaison, wo unter anderem auch Weizen angebaut wird; ihre Zahl steht für die drei Höfe, die es 1988 noch in Lormaison gab.

Notre village situé sur une butte dominant Méru resta très longtemps une grande clairière au centre des forêts de Thelle et du Beauvaisis fréquentées alors par des hordes de loups ; Lupidonus (Dôme aux loups) apparaît avec l'arrivée de César dans note région. La présence des prédateurs engagea sans doute les habitants à construire leur demeure à l'aide de matériaux résistants : au moyen âge on voit apparaître le nom « maison ». Sous le règne des Carolingiens puis des Capétiens les appellations se transforment en Lors Maisons - Lours Maisons - Lez Nos Maisons, pendant le règne de Philippe de Valois, lors du recensement de 1331 (11 feus [=orthographe du Moyen Âge]), on voit apparaître le nom de Leur-Maison.

Les châteaux

Hugues de Lormaison, évêque de Beauvais (1248), riche propriétaire terrien sur la région de Méru, voulant se garantir des pillards normands, fut très certainement le maître d'œuvre d'une place forte située approximativement dans une zone s'inscrivant entre l'actuel cimetière et le corps de ferme de M. et Mme. Postolle, ayant pour point central l'église actuelle, chapelle du château. Les guerres de religion, à l'avènement d'Henri IV furent pour la région une époque de misère et de dévastation. De 1589 à 1594, Thore, Seigneur de Méru, La Noue et Givry bataillent dans la région, assiègent les Ligueurs réfugiés dans le château de Lormaison. L'édifice est incendié puis détruit jusque dans ses fondations. Plus tard, en 1800, une maison bourgeoise construite par un riche commerçant en cotonnade fait son apparition dans notre Village, château acquis en 1974 par la Municipalité pour les besoins d'un Hôtel de Ville. Le blason figure l'une et l'autre de ces constructions anciennes. Le symbole employé est celui des châteaux de Castille (Espagne) pour rappeler la présence des Espagnols à Amiens pendant les guerres de religion sous Henri IV.

Les gerbes de blé

La présence de ce symbole dans nos armoiries rappelle la richesse principale de notre Village : la culture et entre autres celle des céréales. Trois gerbes évoquent la présence actuelle de trois exploitations agricoles récoltantes.

Le chevron d'or

Lormaison, comme défini précédemment, est situé sur un dôme, au carrefour des routes de Méru à St-

45

Der goldene Giebel

Lormaison liegt wie oben schon erwähnt, auf einem Hügel an der Kreuzung der Straßen von Méru nach St-Crépin Ybouvilliers und von Villeneuve-les-Sablons nach Corbeil-Cerf.

Die drei Muscheln

Mit den drei Muscheln ist die perlmuttverarbeitende Knopfindustrie der Gegend von Méru gemeint. Das Perlmutt wird zwar aus Troca-Muscheln und nicht aus den abgebildeten Jakobsmuscheln gewonnen - diese stehen normalerweise für die Pilgerreise nach Santiago de Compostela, aber Heraldiksymbole sind immer sehr stark standardisiert: Muschel ist Muschel. Ihre Zahl bezieht sich wieder auf 3 Betriebe, allerdings auf den Stand des 19. Jahrhunderts: 1850 gab es 3 Betriebe, Trois Œufs, Tabary und Lignez, heute nur noch die Firma Tabary. Die Knopfindustrie bescherte dem Ort auch den größten sozialen Konflikt der Neuzeit: im März 1909 gingen die Knopfarbeiter der Gegend in einen dreimonatigen Streik, den der Präfekt mit Militäreinsatz (9. Kürassierregiment) hart unterdrücken ließ.

Weitere historische Informationen

Eine Publikation des Departements enthält noch weitere historische Informationen, z B. über Datum und Urheber der Zerstörung des alten Schlosses: es wurde in 1591 von François la Noue, genannt „Eisenarm" bis auf die Grundmauern geschliffen. Man erfährt auch etwas über die Zeit der großen Revolution in Lormaison. Der Volkserhebung war bekanntlich in allen französischen Regionen die Abfassung von Klageheften (cahiers de doléances) vorausgegangen. In Lormaison war es der Pfarrer David, der nach einer Beratung am 22. Februar 1789 die - heute noch erhaltenen - Beschwerden über die Missstände des alten Regimes in Lormaison redigierte. Er war Abgeordneter der Geistlichkeit des Beauvaisis für die Versammlung der Generalstände. Man erfährt auch ein wenig über die Kirche von Lormaison. Die ehemalige Schlosskapelle ist der heiligen Margarete gewidmet. In der Kirche befindet sich ein Gemälde der Französischen Schule des 16. Jahrhunderts, „die Verkündigung", und eine in das Denkmalverzeichnis aufgenommene Grabplatte aus der gleichen Zeit.

Crépin Ybouvilliers et Villeneuve les Sablons à Corbeil-Cerf.

Trois coquilles St Jacques sur fond de gueules

En Héraldique, la coquille St Jacques est le symbole des pèlerins allant à St Jacques de Compostelle ; ce symbole figure également la nacre et le coquillage Troca dont il est issu. L'industrie de notre village était principalement jusqu'à nos jours, le travail de la nacre sous forme de boutons et de marqueteries diverses. Trois fabriques existaient vers 1850 : Trois Œufs (maire de Lormaison), Tabary et Lignez. De nos jours, seul subsiste l'établissement de M. Tabary En 1909, de violentes emeutes éclatent dans la région de Méru ; les boutonniers se mettent en grève, celle-ci débutera en Mars et durera trois mois. Cette période sera marquée de graves troubles et manifestations diverses réprimées sévèrement par le préfet de l'Oise avec l'aide de régiments militaires (9ème régiment de Cuirassiers).

Davantage d'information historique

Dans une publication du département , il y a encore quelques bribes d'information historique sur Lormaison et ses alentours, p. ex. sur l'auteur et la date de la destruction du vieux château. Il « fut complètement rasé au XVIème siècle (1591) par François la Noue dit « Bras de Fer », qui fut mortellement blessé la même année au siège de Lamballe. » Ce texte contient également une information sur Lormaison au temps de la Révolution : « Le curé David fut élu député du clergé aux Etats généraux de 1789, par le bailliage de Beauvais. Auteur du cahier de représentation des plaintes et doléances des habitants de la paroisse de Lormaison, selon des délibérations du 22 février 1789. » Et on apprend un peu davantage sur l'église Sainte Marguerite, « ancienne chapelle du château. A l'intérieur, une toile de l'Ecole Française du XVIème siècle : « l'Annonciation ». La nef date de la Renaissance, les contreforts portent des niches. Le clocher court a été refait en 1797. Une dalle funéraire en pierre du début du XVIème, à effigie gravée de Jacques Famin, est inscrite à l'Inventaire Supplémentaire des Monuments Historiques depuis 1912. »

Weitere Umgebung von Wabern: Heinz Nöding

Ausflug ins frankophone Inland in den 50er Jahren[2]

Seit vielen Jahrzehnten teilen sich die beiden nahen Kleinstädte, Fritzlar mit seiner stolzen Kathedrale und Homberg, der Ausgangspunkt der Reformation in Hessen, die Oberschülerjahrgänge der Waberner Ortsteile. An beiden Orten lernen sie auch Französisch als zweite oder dritte Fremdsprache, wenn sie sich nicht für Latein und gegen eine weitere moderne Sprache entscheiden. Die Nazis hatten das so eingerichtet und Englisch an die erste Stelle gesetzt, nachdem unsere Vorfahren Generationen lang trotz aller militärischen Konfrontation die Sprache unseres Nachbarlandes zuerst gelernt hatten. Ich bin in Homberg zur Schule gegangen.

Die deutsch-französischen Verträge wurden in meiner Schulzeit geschlossen. Wir fuhren mit einer mutigen Französischlehrerin schon 1961 in die Provence, wo ein französischer Jude, Professor Jouhy, ein deutsch-französisches Studienzentrum leitete.

„... unter der Regierung des großherzigen Fürsten Karl ... 1705" Kirchenportal Schöneberg (Raum Kassel)/ « ... sous le règne du magnanime prince Charles... 1705 ». Portail de l'église de Schöneberg (région de Kassel)

Es gehörte noch Mut dazu, die Idee der Freundschaft zwischen unseren Ländern war auf beiden Seiten noch lange nicht allgemein akzeptiert.

Aber was machte ein Französischlehrer ein paar

Aux alentours de Wabern:

Randonnée à pied chez des voisins francophones dans les années 50[3]

Depuis bien des décennies, dans les villages de Wabern, les élèves qui réussissaient à l'école primaire continuaient leurs études dans les lycées des petits bourgs voisins, à Fritzlar avec sa fière cathédrale ou à Homberg, lieu de départ de la réformation de la Hesse. Dans ces écoles, ils apprenaient le français comme deuxième ou troisième langue étrangère, s'ils ne s'étaient pas décidés pour le latin et contre une seconde langue moderne. Les nazis avaient renversé l'ordre dans lequel les langues étaient enseignées au lycée allemand. Ils avaient mis l'anglais à la première place que le français avait occupée pendant des générations malgré les guerres de 1870-71 et de 1914-18.

Les accords franco-allemands se concluaient au moment où j'apprenais mes premiers mots de français. Avec une prof courageuse ma classe est partie en Provence en 1961 déjà, à la Bégude-de-Mazenc où un juif français, le professeur Jouhy, avait créé un Centre d'études franco-allemandes.

Il fallait bien du courage pour faire ce voyage: des deux côtés de la frontière beaucoup y voyaient encore une provocation. Quelques années plus tôt, dans les années 50, quand un professeur de français voulait faire avec sa classe une excursion, dont ils profiteraient pour le français, qu'est-ce qu'il pouvait leur proposer?

„Wenn der Herr nicht seine Hand darüber hält, baut man vergebens", Inschrift am Haus Bontoux, 1811 / « Si le Seigneur n'y met la main, on ne peut que construire en vain », inscription de la maison Bontoux à Louisendorf, 1811

Mon lycée à Homberg publiait chaque année un livre avec des réflexions et des comptes-rendus concernant l'année scolaire révolue. Dans celui de 1957 on lisait l'article d'une lycéenne sur une randonnée à pied pour rendre visite à des paysans francophones. A pied? A pied, et sans quitter notre

---

[2] Historischer Hintergrund zum Bericht von unserem über unseren Besuch in Karlshafen

[3] cf. aussi le résumé de la visite à Karlshafen

Jahre vorher, in den 50er Jahren, wenn er mit seiner Klasse einen Ausflug plante, der die Schüler auch in seinem Lehrfach weiter bringen sollte?

Im Jahrbuch des Homberger Gymnasiums von 1957 berichtet eine Schülerin von einem Wanderausflug in eine frankophone Gemeinde. Wie, die sind zu Fuß gegangen? Ja zu Fuß, und ohne unsere nähere Umgebung zu verlassen.

„Hier ist Gottes Haus. hier ist die Pforte des Himmels."
1. Buch Mose V. 17 Kirchenportal Karlsdorf /
« C'est ici la maison de Dieu, c'est ici la porte des cieux.
Genèse 28, V. 17 ». Portail de l'église de Karlsdorf

Wenn man nur wenig über die Grenzen der Waberner Gemeinde in den Korbacher oder Kasseler Raum fährt, findet man schmucke Fachwerkkirchen mit Inschriften, die heute auch in den Orten selbst nur einige Gymnasiasten lesen können. Noch in den 50er Jahren war das anders. Die Klasse war mit ihrem Lehrer und der französischen Assistentin unterwegs. Die junge Frau, Mme Dégos, meldet sich in dem gleichen Jahrbuch zu Wort und schwärmt von dem Klassenausflug „wo ich alten Landsleuten begegnete... Einen Augenblick lang hörten Grenzen und Zeit auf zu sein, und ich hörte meine Muttersprache, nur wenig langsamer als in meinem Vaterland". Geben wir der Schülerin das Wort, weil sie die Klassenwanderung ausführlicher darstellt. „Rund 8 km nordöstlich von Frankenberg", berichtet Waltraud Bode in dem Artikel „Französisch auf Hessens Rübenäckern", „liegt auf einer Hochfläche, eingeschmiegt in eine kleine Mulde, die kleine Hugenottensiedlung Louisendorf." Den ganzen Vormittag sei die Klasse gelaufen - es ist schon ein gutes Stück Weg von Homberg bis in den Frankenberger Raum. Dann gleich auf den Rübenfeldern von Louisendorf ein junger Bauer mit einem französischen Namen, Jean Bastet. Aber Jean desillusioniert sie: die jungen Leute könnten die Sprache kaum noch, und er leitet sie weiter. Wenig später werden die Schüler

francophones. A pied? A pied, et sans quitter notre petite région. Il s'agissait de huguenots.

Quand on se promène dans les villages autour de Korbach ou au nord de Kassel, on trouve leurs belles églises à colombages dans le style des maisons de nos villages et avec des inscriptions qu'aujourd'hui les gens des villages même ne comprennent plus, s'ils n'ont pas au lycée - voyez plus haut - choisi le français comme seconde langue étrangère. C'était encore différent dans les années 50. Ecoutons les récits de nos randonneurs, d'abord celui de l'assistante française, Mlle Dégos, qui accompagnait le prof et ses élèves. Dans le compte rendu de son stage à Homberg elle parle avec enthousiasme de cette randonnée où « je fis rencontre avec de vieux compatriotes... Un instant, les frontières et le temps cessèrent d'exister et j'entendis ma langue maternelle à peine plus lente, plus mesurée que dans mon pays. »

Kirche von Louisendorf, 1702 / Eglise huguenote de Louisendorf, 1702

Le récit d'une lycéenne, dans le même livre de l'année, est plus détaillé. On avait marché tout le matin, Waltraud Bode raconte, pour aller à Louisendorf, petit village sur un haut plateau au nord-est de Frankenberg. A l'approche du village ils avaient rencontré un jeune paysan avec un nom pas très allemand: Jean Bastet. Jean leur avait répondu en allemand, et il leur avait expliqué que les jeunes ne parlaient presque plus le français, il fallait s'adresser aux vieux. Dans les rues du village, ils en avaient trouvé, qui n'étaient pas aux champs à cause de leur âge: M. Bastet aîné, M. Blanc et M. Becker. Tous les trois étaient des cousins - les Français s'étaient souvent marié entre eux. Ces trois hommes avaient parlé français avec Madame Dégos et lui avaient expliqué, qu'au travail ils n'utilisaient entre eux que cette langue. Quelque peu mélancolique, M. Bastet avait ajouté: « Peu à peu, mon français devient aussi gris que mes cheveux. »

fündig. „Gegenüber vom Wirtshaus stehen drei Bauern im Gespräch zusammen." Ältere Bauern. Drei Vettern, nur einer hat einen deutschen Nachnamen. Man ist wohl auch durch Endogamie zusammen geblieben. Madame Dégos plauscht mit ihnen in ihrer Muttersprache und erfährt, dass die älteren Bauern hier während der Arbeit und unter sich nur Französisch sprechen. Aber Bastet hatte etwas melancholisch angemerkt, sein Französisch werde langsam so grau wie seine Haare.

Es ist überliefert, woher diese französischen Familien stammen. Im Herbst 1682 flüchteten vierzig Hugenottenfamilien aus der Umgebung von Die-sur-Drôme nach Hessen. Landgraf Carl I. von Hessen-Kassel gab ihnen als neue Heimat das wüste Dorf Hammonshausen und sicherte ihnen Eigenständigkeit in Schule und Kirche zu, die bis 1870 bestand: in der Schule wurde nur in französischer Sprache unterrichtet, in der Kirche auf Französisch gepredigt.

Das Dorf wurde nach der Erbprinzessin Louise umbenannt, die es unter ihren Schutz nahm und um 1700 die hugenottische Dorfkirche einweihte. Man kann sich kaum vorstellen, wie die Familien in den drei Jahrhunderten ihre Sprache ohne Kontakt zum Mutterland bewahrten. Nach dem Zweiten Weltkrieg stellten in Fritzlar stationierte französische Soldaten Kontakte in die Gegend von Die her und vermittelten eine Einladung. Aus diesen Kontakten ist eine Gemeindepartnerschaft zwischen Frankenau, zu dem Louisendorf heute gehört, und Die-sur-Drôme geworden, eine Partnerschaft besonderer Art, weil die Louisendorfer Familien an den Ort zurückfahren, von dem ihre Vorfahren 1684 geflohen sind. Heute ist es für sie einfach, in die europäische Partnergemeinde zu fahren, um französischsprachige Freunde zu treffen. Im gleichen Zeitraum, in dem sich dieses vereinte Europa entwickelt hat, sind aber auch die kleinen frankophonen Enklaven bei uns ganz in der einheitlich deutschsprachigen Bevölkerung aufgegangen.

Gespräch in Louisendorf / Entretien à Louisendorf: « Peu à peu mon français devient aussi gris que mes cheveux »

L'origine de ces familles françaises n'est pas un mystère. En 1682, quarante familles protestantes de la région de Die-sur-Drôme s'étaient réfugiées dans la Hesse. Le prince de la Hesse-Kassel leur avait donné le village déserté de Hammonshausen. Il leur avait accordé la liberté scolaire, abandonnée vers la moitié du XIXe siècle seulement, et la liberté religieuse qui avait subsisté jusqu'en 1870: l'école se tenait en français ainsi que le prêche du dimanche. On appelait le village « village de Louise » d'après le nom de la princesse héritière de la Hesse-Kassel qui avait promis de le protéger. On se demande comment ces familles ont pu garder leur langue pendant trois siècles sans contact avec leur pays d'origine.

Après la deuxième guerre mondiale, sur l'initiative de soldats français, les premiers contacts se sont établis entre Louisendorf et Die-sur-Drôme. Ces contacts ont abouti à un jumelage entre les bourgs de Die et de Frankenau, dont Louisendorf fait aujourd'hui partie, jumelage assez extraordinaire: quand les gens de Louisendorf se rendent dans la ville jumelée, ils retournent, après plus de 300 ans, au foyer. Aujourd'hui pour eux, il est facile de se rendre dans la commune jumelée pour trouver des amis français. D'autre part, à la mesure où l'Europe unie s'est faite, les petites enclaves francophones de chez nous ont disparu dans la masse des germanophones.

François Mitterrand im Lager Trutzhain[4]

Am 3. Juni 1940 wurde ein „sergent-chef" des französischen 23. Kolonial-Infanterieregiments bei der Frankreich-Schlacht von einer Granate verwundet.

Das geschah in der Nähe einer Stadt, mit deren Namen seit dem Februar 1916 unselige Erinnerungen verknüpft waren, bei Verdun. Mit einer Verletzung am Rippenfell wurde dieser Unteroffizier namens François Mitterrand, der spätere französische Staatspräsident, in einem Keller in Esnes-en-Argonne operiert, dann nach Vittel und schließlich nach Bruyères in den Vogesen verlegt. Dort und noch auf seinem Krankenhausbett wurde er am 18. Juni 1940 von den Deutschen gefangen genommen.

Das war an dem gleichen Tag, an dem der General de Gaulle in London die berühmte Rede hielt, in der er die Franzosen zum Widerstand gegen die Besatzungsmacht aufrief. (Die beiden begegneten sich viel später, bei der Präsidentschaftswahl 1965, wo sie gegeneinander kandidierten). Nach einer kurzen Genesungspause wurde François Mitterrand in einem Viehwagen nach Lunéville gebracht, dann mit dem Zug mit Hunderten von gefangenen französischen Soldaten zum Kasseler Hauptbahnhof transportiert.

Das Stalag IX A

Die Gefangenen wurden nach Ziegenhain in das Stalag IX A verlegt, wo sie miserable Bedingungen vorfanden. Es war nicht für die 30000 Gefangenen eingerichtet, die dorthin verbracht worden waren. Die Baracken waren nicht ausreichend und viele Gefangene mussten trotz des verfrühten herbstlichen Kälteeinbruchs ohne Decken in Zelten schlafen. Bei der Essensausgabe kam es immer wieder zu Gewaltausbrüchen. Strafgefangene, die in dem Lager untergebracht waren, terrorisierten die Franzosen. Allmählich wurden die Lebensbedingungen in dem Lager erträglicher und die Beziehungen zwischen den Gefangenen, die zu Arbeits-

Dominique Magnier
Un futur Président au Stalag IX A[5]

Mitterrand als Staatspräsident 40 Jahre später / François Mitterrand 40 ans plus tard

Le 3 Juin 1940, un sergent-chef du 23ème régiment français d'infanterie coloniale est blessé par un éclat d'obus lors de la bataille de France, près d'une ville de sinistre mémoire depuis février 1916, Verdun. Atteint à la plèvre, ce sous-officier nommé François Mitterrand, futur Président de la République Française est opéré dans une cave à Esnes-en-Argonne, transféré à Vittel puis à Bruyères dans les Vosges. C'est dans cette localité et sur son lit d'hôpital, qu'il fut fait prisonnier le 18 Juin 1940, journée marquée par le discours du général de Gaulle depuis Londres, appelant les français à la résistance. (Bruyères dans les Vosges fut opposé au Général de Gaulle lors des élections présidentielles de 1965). A l'issue d'une courte convalescence, François Mitterrand embarqua dans un wagon à bestiaux à Lunéville. Son train l'emmena ensuite en compagnie de plusieurs centaines de soldats français prisonniers à destination de la gare de Kassel en Allemagne.

Le Stalag IX A

Les prisonniers furent dirigés vers le Stalag IX A à Ziegenhain où ils s'installèrent dans des conditions lamentables. Peu de choses avaient été prévus pour les 30000 prisonniers qui devaient séjourner dans ce camp. Les baraques étaient en

---

[4] Historischer Hintergrund zum Bericht von unserem Besuch in der Gedenkstätte Trutzhain
[5] Voyez aussi le rapport de notre visite au mémorial de Trutzhain

kommandos für die Industrie und die Landwirtschaft zusammen gefasst wurden, verbesserten sich. Das waren die Lebensumstände François Mitterands, Matrikel 27716-968, von September 1940 bis März 1941. Er war dem Kommando Schaala in einer Stroh- und Heu-Binderei zugeteilt und arbeitete dort als Handlanger an den Pressen und beim Beladen der Lastwagen. Was seine Zimmerkameraden beeindruckt, ist nicht sein Dienstgrad als Unterfeldwebel, sondern seine überragende Bildung und sein Redetalent. Jeden Abend bevor das Feuer ausgemacht wird, begeistert er die Soldaten, die in der gleichen elenden Lage waren wie er, indem er ihnen von Pascal, Rousseau, Claudel und anderen Philosophen und Schriftstellern aus den verschiedensten Völkern erzählte. Trotz seiner Gefangenenkleidung bewahrt er eine würdige und etwas distanzierte Haltung. Sein Organisationssinn hat es ihm ermöglicht, mit der Unterstützung einiger Intellektueller, die sich unfreiwillig im Lager aufhielten, dort eine Art Volkshochschule aufzuziehen. Mit ihrer aktiven Unterstützung redigiert er auch die Lagerzeitung „die Eintagsfliege". Gelegentlich trägt er royalistische Meinungen vor!

Erster Fluchtversuch

François Mitterrand, der zu dieser Zeit 25 Jahre alt ist, denkt seit dem Beginn seiner Gefangenschaft an eine Sache: fliehen, um zu seiner Verlobten zurückzukommen. Zunächst überredet er einen Mitgefangenen, Xavier Leclerc, der vor dem Krieg katholischer Geistlicher gewesen war, mit ihm zu fliehen. Sie legten sich eine Lebensmittelreserve an, die es ihnen erlauben sollte einen Monat zu überleben. Sie beschafften sich auch einen Kompass, eine Deutschlandkarte, Zivilkleidung und Rucksäcke. Aus Aberglaube hatte François Mitterrand den 3. März, den Jahrestag seiner Verlobung als Fluchttermin festgelegt, aber widrige Umstände verschoben die Flucht um zwei Tage. In der Dunkelheit, am frühen Morgen des 5. März, überwanden die beiden ohne Schwierigkeit den Stacheldraht, der den Ort ihrer Gefangenschaft umgab. Es schneite stark und ihre Fußspuren waren schnell verwischt. Das Wachpersonal bemerkte ihre Flucht erst nach Stunden. Die beiden Flüchtigen marschierten 22 Nächte lang unter den schlimmsten klimatischen Bedingungen und kamen ausgehungert und geschwächt in Egesheim in Württemberg, 10 Kilometer von der Schweizer

nombre insuffisant et inconfortables. Beaucoup de prisonniers durent coucher sous des tentes sans couverture dans le froid d'un automne précoce. Les distributions de nourriture étaient le théâtre de scènes de violence, des repris de justice faisant régner la terreur parmi les français. Peu à peu les conditions de vie dans le camp s'améliorèrent et de meilleures relations s'établirent entre les prisonniers qui furent regroupés dans des commandos de travail dans l'industrie ou dans l'agriculture. Telle était l'existence de François Mitterrand, matricule 27716-968, de septembre 1940 à mars 1941. Affecté au commando Schaala, dans une usine de bottelage de paille et de foin, il travailla comme manœuvre aux presses et au chargement des camions. Ce n'est pas son grade de sergent-chef qui en impose à ses camarades de chambrée ; c'est son immense culture et son éloquence. Chaque soir avant l'extinction des feux , il passionne ses camarades d'infortune en leur parlant de Pascal, Rousseau, Claudel et de bien d'autres philosophes et écrivains de toutes nationalités. Malgré sa tenue de « KG » il garde une allure digne et un peu distante. Son sens de l'organisation, lui a permis de créer une sorte d'université populaire animée par quelques intellectuels, résidents involontaires du camp. Avec leur concours actif, il rédige aussi le journal interne du camp : « l'Ephémère ». Il lui arrive aussi parfois de professer des opinions royalistes !

Première évasion

Cependant, depuis le début de sa captivité, François Mitterrand, qui a 25 ans, pense à une chose : s'évader pour retrouver sa fiancée. Après avoir convaincu un autre prisonnier, Xavier Leclerc qui était curé avant la guerre, de l'accompagner. Ils se constituèrent une réserve de vivres leur permettant d'assurer leur alimentation durant un mois. Ils se procurèrent aussi une boussole, une carte d'Allemagne, des vêtements civils et des sacs à dos. Par superstition, François Mitterrand avait décidé de s'évader le 3 Mars 1941, jour anniversaire de ses fiançailles mais des contretemps retardèrent leur évasion de deux jours. Dans l'obscurité, au petit matin du 5 mars les deux amis franchirent sans difficulté les barbelés qui entouraient leur lieu de détention. La neige tombait en abondance et leurs traces de pas furent vite effacés. Leur évasion ne fut connue des gardiens que plusieurs heures après. Les deux

Grenze an. Weil sie schnell über die Grenze gelangen wollten, begingen sie die Unvorsichtigkeit, den Ort bei Tage am Ende des Sonntagsgottesdienstes zu durchqueren. Die Kirchenbesucher entdeckten sie und hatten keine Mühe, sie einzufangen. Der Zustand der Flüchtlinge war kläglich: ihre Verfolger hatten Mitleid mit ihnen und gaben ihnen Nahrung, die sie gern annahmen. Allerdings wurde dieser erste Fluchtversuch nach dem Reglement bestraft, das für entflohene Kriegsgefangene galt: eine strenge Durchsuchung, ein langes Verhör und mehrere Tage Kerker schlossen das Abenteuer ab. Zwischen zwei Feldgendarmen wurden die beiden dann ins STALAG IX A zurückgebracht. Die Namen der beiden Unglücklichen wurden in der Liste der gefangenen Lagerinsassen rot markiert, für die beiden KGs wurden Außeneinsätze verboten, sie bekamen unangenehme Einsätze im Krankenrevier des Lagers zugeteilt.

Zweiter Fluchtversuch

Sieben Monate später, am 28. November 1941, ist François Mitterrand wieder zu einem neuen Fluchtversuch bereit. Nach sieben Monaten aufmerksamer Beobachtung, Kniffen, Listen und den unglaublichsten Tricks hat sich der Unteroffizier alles was zum „Abhauen" brauchte, besorgen können. Er weiß, dass die Flucht schwieriger sein wird, denn das Stalag IX A ist strenger bewacht als vorher.

Der Stacheldraht ist verstärkt worden und es sind Wachtürme mit Scheinwerfern und Maschinengewehren aufgestellt worden. Der einzige Ausgang ist ein von Wachleuten kontrolliertes Portal mit Schleusenkammer. Bei diesem zweiten Fluchtversuch wird François Mitterrand von zwei Kameraden begleitet, Pierre Barrin et Pierre Levrard. Die Ausbrecher haben Deutschkurse genommen, und sie haben vor, sich als freiwillige ausländische Hilfskräfte auszugeben. Sie wollen eine Lücke in dem Überwachungssystem ausnutzen: der für das Wachpersonal und für die Verwaltung reservierte Teil des Lagers ist von den Wachtürmen aus nicht einsehbar. Dieser Umkreis ist für die Gefangenen nur tagsüber zugänglich, aber er ist von der Straße nach Ziegenhain nur durch einen einfachen Stacheldrahtzaun abgetrennt. Die drei Fluchtkandidaten gehen von halb vier an einer nach dem anderen zu einem Lagerraum für überzählige Decken und Matratzen. Aus ihrem Versteck beobachten sie dann den Abmarsch der in den Verwaltungsgebäuden beschäftigten Gefangenen auf ihre

évadés marchèrent durant 22 nuits dans les pires conditions climatiques et c'est affamés et affaiblis qu'ils parvinrent à Egesheim dans le Wurtemberg à dix kilomètres de la frontière suisse. Pressés d'atteindre celle-ci, ils eurent l'imprudence de traverser la localité en plein jour à la sortie de la messe dominicale. Les fidèles les repérèrent et n'eurent aucune difficulté à les attraper. L'état des fugitifs était lamentable : les poursuivants eurent pitié d'eux et leur donnèrent de la nourriture bien appréciée. Toutefois, cette première évasion fut sanctionnée suivant les règlements en vigueur qui punissait les prisonniers de guerre évadés. Une fouille en règle, un long interrogatoire et un séjour de plusieurs jours au cachot mirent fin à l'aventure. C'est entre deux feldgendarmes que les deux compères revinrent ensuite au Stalag IX A. Les noms des deux malchanceux furent marqués en rouge dans la liste des prisonniers du camp, les deux « KG » furent interdits de corvées extérieures et affectés à de pénibles travaux au « Revier » l'infirmerie du camp.

Deuxième évasion

Sept mois plus tard, le 28 novembre 1941, François Mitterrand, est de nouveau prêt pour une nouvelle évasion. Après sept mois d'observations, d'astuces, de ruses et de combines les plus invraisemblables, le sous-officier a pu se procurer tout le nécessaire pour « se faire la belle ».

Il sait que la tentative de fuite sera plus difficile car le Stalag IX A est plus sévèrement gardé , l'enceinte de barbelés a été renforcée et des miradors munis de gros projecteurs et de mitrailleuses ont été édifiés. La seule issue est un portail avec sas, gardé par des sentinelles. Pour cette deuxième évasion, deux compagnons vont accompagner François Mitterrand, Pierre Barrin et Pierre Levrard. Les fugitifs ont pris des cours d'allemand et ont prévu de se faire passer pour des travailleurs étrangers volontaires. Ils vont profiter d'une faille dans le système de surveillance : la partie du camp réservé aux gardiens et aux services administratifs échappe aux regards des sentinelles des miradors. Ce périmètre n'est accessible que durant la journée aux prisonniers mais il n'est séparé de la route de Ziegenhain que par une rangée de barbelés. Les trois candidats à l'évasion se dirigent à partir de 15H30, un par un vers l'entrepôt contenant une réserve de couvertures et de paillasses. A partir de leur cachette, ils observent ensuite le départ des détenus employés dans les bâtiments administra-

Zimmer und die Rückkehr der deutschen Soldaten in ihre Kasernen. Es wird Nacht und die Scheinwerfer gehen an: die drei Freunde stellen mit Genugtuung fest, dass der Bereich, wo sie über den Stacheldraht gehen wollen, im Schatten bleibt. Sie ziehen ihre Zivilkleidung an und legen die Reihenfolge für die Flucht fest. Der erste, Pierre Levrard, soll als erster gehen und eine Leiter mitnehmen, die die Gefangenen, die im Rotkreuzlager arbeiten, bereitgelegt haben. Er soll sie an einen Pfosten der Absperrung anlehnen und hinüberklettern. Er soll sich dann zu einem Abhang unweit des Lagereingangs begeben. Dann ist Pierre Barrin an der Reihe. Ganz am Schluss François Mitterrand. Um bis zum Lagerzaun zu gelangen, haben unsere Gefangenen geplant, weil sie nicht über den Hof gehen können, über die für die deutschen Soldaten reservierten Latrinen zu gehen, ein akrobatisches Unternehmen, weil sie auf einem schmalen Balken über den gesamten Abtritt klettern müssen. Die beiden ersten kommen problemlos durch, aber in dem Moment, wo Mitterrand auf dem Holzträger ist, kommt eine deutscher Soldat pfeifend in die Latrinen hinein. Um nicht hinunterzufallen, setzt sich der Flüchtige rittlings auf den Balken und harrt in instabilem Gleichgewicht im Dunkeln aus, während der andere unter ihm sein Geschäft verrichtet. Nach einigen Minuten Angst verlässt der Soldat erleichtert und immer noch pfeifend die Latrinen und Mitterrand gelingt es über den Balken und zur Leiter am Zaun zu kommen. Der Gefangene bewegt sich Richtung Ziegenhain und hält sich dabei dicht hinter einer Gruppe von deutschen Zivilisten, die die Straße entlang laufen. Plötzlich knallen zwei Gewehrschüsse, eine Sirene fängt an zu heulen, man hört Schreie und wütendes Hundegebell. Die Flucht ist entdeckt worden. François Mitterrand schwankt zwischen den Möglichkeiten, bei der Zivilistengruppe zu bleiben und zu riskieren, bei einer Straßenkontrolle nach seinen Papieren gefragt zu werden, oder in Richtung Wald zu laufen, wo er Gefahr läuft, wie ein Kaninchen abgeknallt zu werden. Er entscheidet sich schließlich, bei den Zivilisten auf der Straße zu bleiben. Wenig später kommen sie an der Stelle an, wo einer der Ausbrecher geschnappt worden ist. Es ist Pierre Barrin. Der Unglückliche ist auf der Stelle mit Gewehrkolben verprügelt und ins Lager zurückgebracht worden. Die Blicke der beiden Ausbrecher kreuzen sich, aber keiner von beiden lässt sich etwas anmerken. Für Pierre Barrin hat der Ausflug in die Freiheit nur Minuten gedauert.

tifs vers leurs chambrées et le retour des soldats allemands vers leur casernement. La nuit tombe et les projecteurs s'allument : les trois amis constatent avec satisfaction que la zone où ils vont franchir les barbelés reste dans l'ombre. Après avoir revêtu leurs habits civils, les prisonniers se décident à fixer l'ordre de départ Le premier Pierre Levrard, sortira et emportera une échelle déposée par avance par les prisonniers travaillant dans le service des colis de la Croix Rouge. Il la dressera sur un poteau de la clôture et franchira cette dernière. Il rejoindra ensuite un talus situé non loin de l'entrée du camp. Ce sera ensuite le tour de Pierre Barrin. François Mitterrand sortira le dernier. Avant d'arriver au pied de la clôture, comme il est exclu de traverser la cour, les fugitifs ont prévus de passer par des latrines réservées aux soldats allemands. Elles sont situés à coté du bâtiment dans lequel ils sont cachés. Le passage des prisonniers s'effectuera d'une manière acrobatique sur une poutre étroite au dessus du lieu d'aisances sur toute sa largeur. Les deux premiers passages s'effectuent sans problème mais au moment où François Mitterrand est un train de franchir le madrier, un soldat pénètre dans les latrines en sifflotant Pour ne pas tomber, le fugitif se met à califourchon sur la poutre et reste en équilibre instable dans le noir tandis qu'en dessous de lui l'autre satisfait son besoin naturel. Après quelques minutes d'angoisse, le soldat sort soulagé en sifflotant toujours et le prisonnier parvient à sortir des latrines puis escalade l'échelle placée sur la clôture. L'évadé s'éloigne ensuite en direction de Ziegenhain en emboîtant le pas à un groupe de civils allemands passant sur la route. Soudain deux coups de feu claquent, une sirène se met à mugir, des cris retentissent et des chiens aboient furieusement. L'évasion vient d'être découverte. François Mitterrand hésite entre rester avec le groupe de civils , risquer qu'à un barrage on lui demande ses papiers ou détaler en direction des bois où il risque d'être tiré comme un lapin. Il décide finalement de rester sur la route avec les civils Peu de temps après ils arrivent à l'endroit où l'un des évadés a été repris. C'est Pierre Barrin Le malchanceux est rossé sur place à coups de crosse et ramené au camp. Les regards des deux évadés se croisent mais aucun des deux ne bronche. Pour Pierre Barrin, la cavale n'a duré que quelques minutes. (Pierre Barrin s'évadera à nouveau quelques mois plus tard et Pierre Levrard réussira à rejoindre Paris.) François Mitterrand arrivera à

(Pierre Barrin bricht einige Monate später noch einmal aus und Pierre Levrard schlägt sich bis nach Paris durch). François Mitterand gelingt es, den Zug bis nach Frankfurt zu nehmen, dann bis nach Saarbrücken. Er hatte im Zug Personenkontrollen befürchtet, aber die Reise verläuft ohne Zwischenfälle. Er kommt dann in Metz an, wo die „rote Zone" beginnt, die das besetzte Gebiet von dem an das Reich angeschlossenen Gebiet trennt. Er versucht mehrmals vergeblich, durch die Zone hindurch zu kommen und schaut sich dann ein kleines Hotel aus, das ihm vertrauenswürdig erscheint. Er mietet ein Zimmer und ruht sich völlig erschöpft aus. Zwei Stunden später verhaftet ihn die Polizei. Der Hotelier hat ihn denunziert, und er hat noch die Frechheit, ihn die Nacht im Hotel bezahlen zu lassen, bevor er von zwei Soldaten flankiert das Etablissement verlässt.

Dritter Ausbruch

Leibesvisitation, Verhöre und Kerkerhaft; danach wird der Gefangene nach Boulay verbracht. Er war sich sicher, dass er nach Polen in ein Straflager verlegt werden würde. Glücklicherweise benötigt gerade zu diesem Zeitpunkt ein Feldwebel Gefangene für ein Arbeitskommando außerhalb des Lagers. François Mitterrand meldet sich als Freiwilliger und er schleppt den ganzen Tag lang Material zu einem Lagergebäude innerhalb einer Kaserne. Er prägt sich die Örtlichkeiten ein, und es fällt ihm auf, dass nur ein bewegliche, von einem unbewaffneten Posten bewachte Barriere den Kasernenhof von der Straße nach Boulay trennt. Am nächsten Morgen, noch vor Tagesanbruch, ist er wieder Freiwilliger für den Arbeitseinsatz in der Kaserne. Auf dem Weg über den Kasernenhof lässt er die Ladung, die er trägt, fallen, rennt unter den verdutzten Augen des Wachsoldaten auf die Barriere zu und nimmt sie wie ein Hürdenläufer. Er rennt unter Maschinenpistolenfeuer in Richtung Boulay. Er ist schnell außerhalb der Reichweite der Kugeln im Dunkel. In der Stadt flieht er zu einer Zeitungshändlerin die gerade das Eisengitter ihres Ladens öffnet. Glücklicherweise gehört diese Frau zu einer Fluchthilfeorganisation, sie versteckt ihn, bevor die Soldaten in ihren Laden eindringen. Die Soldaten durchsuchen den Laden flüchtig und ziehen dann wieder ab, um anderswo weiter zu suchen. François Mitterrand ist in guten Händen. Im Franche Comté erreicht er nach vielen Wechselfällen und mit der Hilfe mehrerer Mitglieder der Fluchthilfeorganisation die freie Zone.

prendre le train pour Francfort, puis pour Sarrebruck. Alors qu'il redoutait les contrôles d'identité dans les trains, son voyage se déroule sans incidents. Il débarque ensuite à Metz où se situe la zone rouge qui sépare la zone occupée de la zone annexée. Après plusieurs tentatives infructueuses pour passer la zone, il repère un petit hôtel qui lui inspire confiance. Il demande une chambre où il se repose, épuisé. Deux heures plus tard, la police l'arrête. Il a été dénoncé par l'hôtelier qui aura aussi l'audace de lui demander de payer sa chambre avant que le fugitif quitte l'établissement entre deux soldats !

Troisième évasion

Fouille, interrogatoires et séjour au cachot se succèdent avant que le prisonnier soit transféré à Boulay. Il était sûr d'être transféré en Pologne dans un camp disciplinaire. Par chance, un « feldwebel » a besoin de prisonniers pour effectuer une corvée à l'extérieur de son lieu d'internement. François Mitterrand se porte volontaire et toute la journée il transporte du matériel à dos d'homme jusqu'à un entrepôt situé à l'intérieur d'une caserne. Il observe les lieux et remarque que la cour de la caserne n'est séparée de la route conduisant à Boulay que par une barrière mobile gardée par un planton. Le lendemain matin, alors qu'il fait encore nuit, il est à nouveau volontaire pour terminer la corvée à la caserne. Alors qu'il traverse la cour de celle-ci, il laisse tomber la caisse qu'il portait sur son épaule et se précipite vers la barrière qu'il saute comme un coureur de steeple devant le regard médusé de la sentinelle. Il court ensuite vers Boulay sous des rafales de mitraillettes qui crépitent. Il se trouve rapidement hors de portée des balles dans la nuit noire. Dans la ville, il se réfugie chez une marchande de journaux qui est en train de relever son rideau de fer. Par chance, cette femme fait partie d'une filière d'évasion de prisonniers, elle le cache, avant que des soldats pénètrent dans la boutique. Ceux-ci fouillent très rapidement la boutique et reprennent leur recherche plus loin. François Mitterrand est entre de bonnes mains. Il rejoindra la zone libre par la Franche Comté le 14 décembre 1941, après bien d'autres péripéties, aidé par plusieurs membres du réseau d'évasion. Son destin l'attendait.

d'après: André Besson, Les grandes évasions de la seconde guerre mondiale, Editions FRANCE EMPIRE

Empfang / *Réception Lormaison 1966*

A. Drobecq

Kranzniederlegung / *Dépôt de couronnes*

Kranzniederlegung / *Dépôt de couronnes*

Revolutionär Guy Dugendre / *Le maire révolutionnaire* Uttershausen 1989.

Chorverein Uttershausen und Chorale Chanteleine aus Méru singen zusammen /
La chorale d'Uttershausen et la chorale Chanteleine de Méru chantent ensemble

Uttershausen 1987

Ein symbolischer Baum /
Un arbre symbolique,
Lormaison 1991.

Knopffest /
Fête des boutons
Lormaison, Méru 1988

1996

Lormaison 2001

Uttershausen 2002

Redeanlass: 35 Jahre Partnerschaft /
Discours pour le 35ᵉ anniversaire du jumelage

Auf dem Hof der Familie Postolle /
A la ferme Postolle

Partnerschaftsforum der Oise / *Forum des Jumelages 2002*

Schloss Waldeck / *Château du Waldeck*

Marburg

In 2003 besuchten wir zuerst das ehemalige Wohnhaus von Jean Monnet, dem Vordenker und Mitbegründer der Europäischen Union, dann Schloss und Gärten von Versailles / *En 2003 nous avons visité d'abord l'ancienne maison d'habitation de Jean Monnet, un des penseurs et fondateurs de l'Union Européenne, puis le château et le jardin de Versailles*

Die jungen Leute / Les jeunes

Schüleraustausch im Juli 1990: In Eisenach unterhalb der Wartburg. Mit auf dem Foto sind Anne-Lucile und François, seit diesem Austausch regelmäßige Kontakte / *Echange de jeunes en 1990 : Eisenach, visite du château de Wartburg. On voit entre autres Anne-Lucile et François. Il y avait des contacts réguliers depuis.*

rechts : die deutsche Gruppe in Paris / *à droite : le groupe allemand à Paris:* Petra Jäger, Thomas Wiegand, Carola Schattner, Monika u. Andrea Strippel, Susanne Winter, Simone Jäger, Natalie Kurzrock

Vom 18. bis 21. Juni 1991 besuchten 18 Jugendliche aus Uttershausen Lormaison, organisiert von Petra Jäger und Veronique Vandeputte / *Du 18 au 21 juin 1991 18 jeunes d'Uttershausen ont visité Lormaison, voyage organisé par Petra Jäger et Veronique Vandeputte*

Schüleraustausch 1994, die deutsche Gruppe vor der Mairie. Begleiter: Jörg Huber und Petra Jäger. Im Programm waren u.a. Beauvais und der Asterix-Park / *Echange de jeunes en 1994, le groupe allemand devant la mairie, accompagné par Jörg Huber et Petra Jäger. Au programme entre autres : Beauvais et le Parc Astérix.*

Pfingsten 1996, 30jähriges Bestehen der Partnerschaft: Jugendliche aus Lormaison in extra angefertigten T-Shirts / *Pentecôte 1996, 30ᵉ anniversaire du jumelage : des jeunes de Lormaison avec des t-shirts fabriqués pour l'occasion*

Rechts / *à droite* :
Uttershausen 1996
Unten / *en bas* :
Schüleraustausch / *échange de jeunes*
Links / *à gauche* : 2002 ;
rechts / *à droite* : 2003

2002

2003

Das obligatori-sche Länder-spiel / *le match international obligatoire*

Gruppenfotos vor der Abfahrt / *Photos de groupes avant le départ en* 2002...

2003...,

2004...,

2005

E *neukauf*
EDEKA — Verbrauchermarkt

Hans Pollmer · Wabern
Telefon (0 56 83) 3 42 · Telefax (0 56 83) 93 00 32

Wir bieten Ihnen:
- Riesige Frische-Abteilungen
- Backshop mit Café
- Super Getränkemarkt
- Tchibo Frischdepot
- Elkos Drogeriemarkt
- Großes Sortiment an Haushaltswaren und Gebrauchsgütern
- Lotto-Toto-Annahmestelle
- 100 kostenlose Parkplätze

Wir wollen, dass Sie günstig einkaufen!